国家出版基金项目

NATIONAL PUBLICATION FOUNDATION

日本近代对中国边疆调查及其文献研究

袁向东　张明杰　主编

东北侦探记

（日）菊地节藏 等 著

张小兰 译

暨南大学出版社

JINAN UNIVERSITY PRESS

中国·广州

图书在版编目（CIP）数据

东北侦探记/（日）菊地节藏等著；张小兰译.—广州：暨南大学出版社，2018.12
（日本近代对中国边疆调查及其文献研究/袁向东，张明杰主编）
ISBN 978-7-5668-2520-9

I.①东… II.①菊…②张… III.①东北地区—地方史—近代 IV.①K293

中国版本图书馆 CIP 数据核字（2018）第 254102 号

东北侦探记

DONGBEI ZHENTANJI

著　者：（日）菊地节藏　等　译　者：张小兰

· ·

出 版 人：徐义雄
策划编辑：潘雅琴
责任编辑：李倬吟　黄文科
责任校对：高　婷
责任印制：汤慧君　周一丹

出版发行：暨南大学出版社（510630）
电　　话：总编室（8620）85221601
　　　　　营销部（8620）85225284　85228291　85228292（邮购）
传　　真：（8620）85221583（办公室）　85223774（营销部）
网　　址：http://www.jnupress.com
排　　版：广州良弓广告有限公司
印　　刷：广州市快美印务有限公司
开　　本：787mm×960mm　1/16
印　　张：12.25
字　　数：225 千
版　　次：2018 年 12 月第 1 版
印　　次：2018 年 12 月第 1 次
定　　价：58.00 元

（暨大版图书如有印装质量问题，请与出版社总编室联系调换）

总　序

中日交往，源远流长。千百年间，日本曾视中国为"圣人之国""礼仪之邦"。然步入近代，中国却变为日本侵略扩张的标的。在以西学为范本的近代学术的诸多领域，也是日本人着了先鞭。早在清末民初，日本的一些组织和个人就到中国各地，从事形形色色的调查及其他活动，并留下了为数众多的调查报告、见闻游记等文献资料。

仅就调查活动而言，既有出于政治与军事目的的侦探，包括兵要地志、政情民俗、商贸经济、民族文化、社会风貌等，也有以所谓学术考察为名的各种调查，如考古发掘、民族宗教、地质地理、建筑美术等。就笔者所见所知，这类调查文献大大小小数以千计，仅涉及东北和内蒙古（日本所谓"满蒙"）地区者，就多达两三百种。若加上那些秘不示人或已焚毁的机密报告等，近代日本人涉及我国边疆地区的调查、游记等文献资料，其数量之多，可想而知。

这些文献资料对于我们解读近代中日关系，考察日本人清末民初在中国境内的活动及其对中国的认识至关重要。同时对弥补和丰富我国的边疆史料，再现边疆地区的社会风貌及历史断面，也有一定的参考价值。

一、军事侦探

在这类文献资料中，最早的应属军事侦探类。明治政府成立之初，即现觊觎中国之心。早在1872年8月，日本政府就派遣池上四郎少佐、武市熊吉大尉及外务省官员彭城中平三人，秘密潜入我国东北地区，从事侦探活动。为掩盖军人身份，两名军官暂被委任为外务省官员。他们改名换姓，乔装成商人，从营口到沈阳等地，对辽东半岛及周边地区的地理兵备、政情风俗等进行侦探调查，翌年回国后，提交了由彭城中平起草的《满洲视察复命书》。此乃近代日本人最早的对我国的调查报告。

1873年后，日本政府有组织地将部分陆海军官分批派往中国，从事侦探谍报活动。如1873年末派遣以美代清元中尉为主的8名军官，1874年派遣以大原里贤大尉为首的7名军官等，即早期所谓"清国派遣将校"之实例。这些人打着留学来华学语言的旗号，其实所接受的指令是"搜集情报"，是对我国与朝鲜、俄国接壤的东北地区和内陆、沿海各省，以及台湾等地进行调查。1875年，日本驻华公使馆开始常驻武官，福原和胜大佐上任后，负责监督和指挥在我国的日本军官的行动。1878年，随着日本参谋本部的设立，以军事侦探为目的的军官派遣体制得以确立，派遣及侦探活动也更为组织化、规模化和具体化。分期分批派遣的军官以营口、北京、天津、烟台、上海、汉口、福州、广州、香港等为根据地，对我国诸多省区进行广泛而又缜密的调查，范围不仅仅是东北、华北、华中及南方沿海诸省，而且扩展到陕甘内陆、新疆及云贵等边疆地区。如常驻北京的长濑兼正少尉曾潜入甘肃区域，大原里贤大尉曾深入川陕地区，小田新太郎大尉曾入川鄂云贵地区，从事密探活动。1886年奉命来我国的荒尾精中尉，以岸田吟香经营的乐善堂为据点，纠集一些所谓"大陆浪人"，对我国内陆省份及新疆地区进行侦探调查。其谍报活动后由退役军官根津一继承，日后设立日清贸易研究所，后又发展为东亚同文书院，成为培养和造就情报人员之摇篮，调查和搜集中国情报之大本营。

这些派遣军官定期向日本政府及有关组织发送情报，不少人还留下了详细的侦探日志、调查复命书及手绘地图等。如岛弘毅的《满洲纪行》、梶山鼎介的《鸭绿江纪行》等，即为其中的调查报告。后来，日本参谋本部编纂《中国地志》（总体部，1887）、《满洲地志》（1889）和《蒙古地志》（1894）等文献时，曾参考了这些军官的实地调查记录。部分军官还直接参与了编纂和校正工作。这些地志并非普通意义上的地理志，而是带有强烈军事色彩的兵要地志，而且完成于中日甲午战争之前，这一点尤其值得注意。遗憾的是，除部分已公刊的之外，不少文献已无从获知其下落。只有当时的手绘地图，"二战"后为美军所扣押并运往美国，现藏于美国国会图书馆。另外，中日甲午战争后，由日本参谋本部牵头实施的对我国的地图测绘及侦探活动，更是触目惊心。《外邦测量沿革史》（3卷，参谋本部·北中国方面军司令部编，1979年复制版）、《陆地测量部沿革志》（陆地测量部编，1922）、《参谋本部历史草案》（7卷＋别册，广濑顺皓主编，2001）以及《对支回顾录》（上下卷，对支功劳者传记编纂会编，1936）、《东亚先觉志士记传》（上中下3卷，葛生能久主编，1933—1936）等文献，可资参考，在此不赘。

1879 年，东京地学协会成立。它比我国地学会的诞生（1909）足足早了 30 年。该协会以英国皇家地理学会为蓝本，名义上以"普及地理学思想"为宗旨，实际上则是倡导和实施海外（尤其是中国和朝鲜）"探险"及调查，为对外扩张的国家战略服务。发起人及中心成员有渡边洪基、长冈护美、榎本武扬、花房义质、锅岛直大、北白川能久、细川护立、桂太郎、北泽正诚、山田显义、曾根俊虎等，多为皇亲贵族、政治家、外交官和军人。该协会除直接派遣人员赴海外调查，搜集情报资料之外，还定期举办演讲会，发行协会报告，1893 年与东京大学地学会合并后，以该会的《地学杂志》作为其会刊逐月发行。

翻检日本早期的演讲报告，则知其多为有关以中国为主的东亚及南洋诸国或地区的探查记录。其中涉及中国边疆的，除上述岛弘毅《满洲纪行》（1879/4）、梶山鼎介《鸭绿江纪行》（1883/4）之外，还有谷川宣誉《辽东日志摘要》（1879/5），福岛安正《多伦诺尔纪行》（1881/2），《亚细亚大陆单骑远征记》（1893/7），山本清坚《从哈克图到张家口·上海》（1882/12），菊池节藏《满洲纪行》（1886/4），长冈护美《清韩巡回见闻谈》（1895/6），铃木敏等《金州附近关东半岛地质土壤调查报告》（1895/5），神保小虎《辽东半岛巡回探查简况》（1895/10）、《辽东半岛占领地之地理地质巡检报告》（1896/10、1897/2）等。这些报告者大多为陆海军军官及政治家。可见，该协会自成立之初，就显露与国家对外扩张政策相呼应的特征。

在我国边疆地区从事侦探调查的，除军人外，还有一些外交官、记者及"大陆浪人"等。这方面的文献主要有：西德二郎《中亚纪事》（1886），永山武四郎《周游日记》（1887），小越平陆《白山黑水录》（1901），植村雄太郎《满洲旅行日记》（1903），中西正树《大陆旅行回顾》（1918），日野强《伊犁纪行》（1909），波多野养作《新疆视察复命书》（1907），林出贤次郎《清国新疆旅行谈》（1908），竹中清《蒙古横断录》（1909），深谷松涛和古川狄风《满蒙探险记》（1918），星武雄《东蒙游记》（1920），吉田平太郎《蒙古踏破记》（1927），副岛次郎《跨越亚洲》（1935），米内山庸夫《云南四川踏查记》（1940）、《蒙古风土记》（1938），成田安辉《进藏日记》（1970 年公开），矢岛保治郎《入藏日志》（1983 年公开），野元甚藏《西藏潜行——1939》（2001），木村肥佐生《西藏潜行十年》（1958），西川一三《秘境西域的八年潜行》（1967）等。

其中，军人出身、后转为外交官的西德二郎（1848—1912），1880 年 7 月从列宁格勒（圣彼得堡）出发，经吉尔吉斯斯坦、塔什干、撒马尔罕等地，进入中国新疆伊犁，后经蒙古、中国北部边疆及上海，于 1881 年 4 月返回东京，历时 9 个月，踏查了对当时日本人来说尚属秘境的俄属中亚和我国新疆地区。《中亚纪事》（上下卷，陆军文库，1886）即此次探险调查之记录。书中记述了作者所经之地的山川地理、气候、民族、人口、沿革、物产、贸易、风俗及动植物等，尤其是对中俄边境地区的实况等多从军事角度作了观察和记述。此书是近代日本人最早涉及我国新疆踏查的文献之一，对近代边疆尤其是西域探险研究领域具有重要意义。

二、所谓"学术调查"

19 世纪 90 年代中期以前，尽管也有部分日本人来我国从事某些领域的考察，但真正的"学术调查"，主要还是在甲午战争之后。这里需要说明的是，近代日本人对我国的学术考察，几乎都与日本侵略扩张的国策并行不悖，只是有的明显，有的隐秘而已。有些完全是打着学术旗号的国策调查，有些则是间接服务于国家战略的越境活动，甚至那些标榜目的较纯粹的宗教探险或学术考察，也都与国家的扩张政策有这样或那样的关联。因此，这里的"学术调查"是应该加引号的。

甲午战争后，出于侵略扩张与殖民统治的需要，日本加紧了对我国的调查与研究，一些机关、学校、宗教团体、学术机构或个人也纷纷行动起来，开展实地考察等活动。当时的东京帝国大学、京都帝国大学，前述的东京地学协会，1884 年成立的人类学会（后更名为"东京人类学会"），1896 年成立的考古协会（后改称"日本考古协会"）以及东西两本愿寺等组织和团体即其中之代表。

1895 年，受东京人类学会派遣，年仅 25 岁的鸟居龙藏前往我国辽东半岛作考古调查，事后，于东京地学协会作了《辽东半岛之高丽遗迹与唐代古物》（1896/5）的演讲报告。可以说，这是日本人类学或考古学者赴我国调查之嚆矢。此后，他又先后四次被派往我国台湾，从文化人类学角度，对台湾岛及当地居民作实地考察。1902 年 7 月，为开展与台湾的比较研究，鸟居又深入四川、云南、贵州等地，对苗族等少数民族聚居地进行了为期 9 个月的考察。事后，撰写了《清国四川省蛮子洞》（1903）和《苗族调查报告》（1905）等。后者堪称近代第一本有关我国苗族的田野调查著作，至今仍为学界所重。他此次调查活动本身，对当时及后来的我国民族研究学者也有很大触动，在某种程度上促进了我国学者对西南边疆民族的实地调查与研究。

　　1902 年 3 月，身为东京帝国大学工科副教授的伊东忠太，为研究和探索日本建筑艺术的发源及其与外国的关联，对我国及印度等地的建筑进行长达两年多的实地考察。他先到北京，然后经山西、河北、河南，西至陕西、四川，再穿越湖北、湖南，入贵州，最后从云南出境。历时一年，纵贯我国大陆南北，考察后撰写了多种学术报告、旅行见闻等。其中《川陕云贵之旅》《西游六万里》等著述，是涉及我国边疆的重要记录。

　　1902 年 11 月至 1904 年 1 月，工学博士、京都帝国大学教授山田邦彦等奉命赴长江上游地区，对四川、云南、贵州及川藏边境作地质矿产调查。回国后，于《地学杂志》发表《清国四川·云南·贵州三省旅行谈》（1904）。但其日记等尚未整理发表，山田即不幸病逝。后由东京地学协会征得其家属同意，将日记及当时拍摄回来的照片稍作修正，以遗稿形式出版了《长江上游地区调查日志》（附照片集，1936）。在日志中，不仅有所到之地的气候、地形地势、水文矿产等资料的详细记录，而且还有大量的测绘地形图等，再加上 174 幅原始图片，可谓了解上述地区地理地貌、矿产资源及风土民情等的难得资料。

　　在言及日本近代对我国边疆调查时，不能不提到"大谷探险队"及其他"僧侣"的特异活动。在近代西方殖民主义风潮的刺激下，为调查和探明佛教流传的路径，同时也是为了呼应日本对外扩张的国策，净土真宗西本愿寺第 22 代宗主大谷光瑞（1876—1948）于 1902 年至 1914 年间，曾先后三次派遣年轻僧侣，对我国新疆等地进行探险考察。世间将他们俗称为"大谷探险队"。其考察活动成果除所获文物外，考察亲历者还留下了大量的纪行、日记等文献资料。大谷家藏版《新西域记》（上下卷，1937）和《西域考古图谱》（2 册，1915）等，即其中之代表。这类文献资料具体有：大谷光瑞《帕米尔行记》，橘瑞超《中亚探险》《新疆探险记》，渡边哲信《西域旅行日记》《中亚探险谈》，堀贤雄《西域旅行日记》，野村荣三郎《蒙古新疆旅行日记》，吉川小一郎《天山纪行》《中国纪行》，前田德水《云南纪行》《从缅甸到云南》，本多惠隆《入新疆日记》等。

　　另外，近代日本已涉足我国西藏，曾多次派僧侣等潜入西藏从事调查活动。如河口慧海（1866—1945），1897 年 6 月从日本出发，经我国香港及新加坡，抵印度加尔各答。他在印度及尼泊尔等地停留，准备了近三年时间后，于 1900 年 7 月进入西藏，翌年 3 月成功抵达拉萨，成为第一个进入西藏拉萨的日本人。他隐瞒国籍和身份，于当地滞留一年多时间，后因身份败露，于 1902 年 5 月底仓皇逃离。两年后，他又离开日本，于印度、尼泊尔等地滞留近十年后，再度进入西藏，并得到达赖喇嘛赠的百余函《大藏经》写本。两次入藏，河口慧海都留下了详细的旅行记录。第一次入藏记录《西藏探险记》，是以其口述形式连载于日本报刊的，长达一百五十余期。后由博文馆编辑出版了两卷本《西藏旅行记》（1904）。该书曾多次再版，使河口慧海的名字连同"神秘西藏"一起蜚声日本。尤其是1909年该书英文版（*Three Years in Tibet*）的问世，更是使其名噪一时。第二次入藏的记录《西藏入国记》和《入藏记》，同样以报刊连载的形式于1915年推出，后辑录为《第二次西藏旅行记》出版（1966）。

除河口慧海之外，寺本婉雅（1872—1940）、能海宽（1868—1901）等也是早期涉足西藏的日本人。寺本婉雅先后两次进入西藏，而且还曾奉军方之命，于北京从事政治活动，并成功地将两套贵重的《大藏经》运往日本。他第一次入藏是1899年，于打箭炉邂逅同为东本愿寺派遣的僧侣能海宽，两人欲由此进入西藏，但因当地官民阻拦，游历理塘和巴塘后返回。不过，能海宽仍不死心，接着又企图由甘肃、青海远道入藏，但终究未果，再后来决意由云南入藏，不料在中途成了不归之客。其入藏记录有《能海宽遗稿》（1917）、《入藏途中见闻杂记》等。

寺本婉雅第二次入藏是受日本政府派遣，于1902年10月从北京出发，经张家口、多伦诺尔、包头、西宁等地，翌年2月抵著名藏传佛教寺院——塔尔寺，在当地居留两年后，独自进入西藏，并于1905年5月抵达其向往已久的拉萨，后自印度归国。1906年4月，返回日本不久的他再度接受政府指令，第三次踏上入藏旅途。不过，这次他主要是在青海活动。记述以上三次进入西藏或青海活动的是其《蒙藏旅日记》（横地祥原编，1974）。书后还附录《五台山之行》《西藏大藏经总目录序》《达赖喇嘛呈赠文原稿》《西藏秘地事情》《回忆亚细亚高原巡礼》等。除西藏、青海部分之外，尚有不少涉及当时北京及沿途各地政治、外交等领域的史料，都是研究日本涉藏史乃至中日近代史的重要文献。

这方面的资料还有青木文教《西藏游记》（1920）、《西藏文化新研究》（1940），多田等观《西藏》（1942）、《西藏滞在记》（1984）等。

日俄战争结束后，伴随着日本殖民政策向我国东北及内蒙古等地的重点转移，各种形式的中国内地"学术调查"更是有恃无恐地开展起来。满铁调查部（1907年设立，下同）、东洋协会学术调查部（1907）、东亚经济调查局（1908）、满鲜历史地理调查部（1908）、东亚同文书院（1900）等国策机构，以及其他一些调研组织等也应运而生。加上原有的那些学校、机关或团体，一时间，对我国，尤其是对东北及内蒙古等边疆地区的实地考察或研究成为时尚。

前述鸟居龙藏的所谓"满蒙探察"即其中之代表。截至中日战争爆发，他曾先后十余次到上述地区从事调查。具体地讲，东北9次，内蒙古4次。除1906年前后随夫人赴内蒙古喀喇沁王府任职时的调查之外，几乎每次都是受组织派遣而为，有些调查是在日本军方协助下实现的。加上他及时采用从西方导入的所谓近代科学方法，每次调查均有一定收获或新发现。如1905年于普兰店发掘到石器时代遗迹，于辽阳发现汉代砖墓。1909年调查东北地区汉代坟墓之分布。1928年，于吉林敦化发现辽代画像石墓穴。多次于内蒙古考察辽上京、中京遗址及辽代陵墓，发现一些包括石像在内的遗物等。对辽代文化遗迹、遗物等的发掘和发现，是他这些调查中的最大收获。后来结集出版的《辽之文化图谱》四大册，虽然只是调查成果的一部分，但足见其研究价值。关于鸟居对我国的调查足迹，可从以下旅行记录中得到探明：《蒙古旅行》（1911）、《人类学上所见之西南中国》（1926）、《满蒙探查》（1928）、《满蒙再访》（与妻子合著，1932）、《从西伯利亚到满蒙》（与妻女合著，1929）等。

不可否认，鸟居的这些实地调查及成果，在我国迟于日本而引入的某些西方近代学科领域，有的是先行了一步。今天我们在梳理或讲述这些学科史时，也不得不提到他的先行调查和研究。另外，鸟居从调查我国台湾时起，就携带着当时尚极为稀少的照相机，拍摄并留下了众多珍贵照片。这些图像资料在时隔近百年的今天来看，尤为宝贵。鸟居去世后，后人编辑出版的《鸟居龙藏全集》（12卷＋别卷，朝日出版社，1975—1977），至今仍为学界重视。在诸多著名学者著述或全集日趋低廉的当今日本古旧书市场，唯独鸟居的著述和全集售价坚挺，甚至有日益高涨之感。这也从侧面反映了其学术价值。另外，鸟居龙藏的夫人——鸟居君子（1881—1959）曾接替河源操子（著《蒙古特产》），于1906年3月赴内蒙古喀喇沁王府毓正女学堂任教。她利用此机会及多次旅行，对蒙古族历史文化、社会风习、宗教信仰等加以考察，后撰写《民俗学上所见之蒙古》（1927）一书。内容包括蒙古族的语言、地理人情、风俗习惯、遗迹文物、牧畜、宗教、美术、俚语、童谣等，是了解当时蒙古地区社会生活及文化状况的难得文献。书中还附有当时拍摄的照片或素描插图200余幅。

东京地学协会自1910年起，又独自开展了大规模的所谓"清国地理调查"，耗费巨资，历时6年。先后派遣石井八万次郎、野田势次郎、饭塚升、小林仪一郎、山根新次、福地信世等地理学者，对我国长江流域及南方诸省区进行广泛调查。事后，编纂出版了三卷本《中国地学调查报告书》（1917—1920）和《化石图谱》（1920）。该报告书中既有调查者的"地学巡见记"，又有调查区域的地质、地理、水文、古生物等记录，内容十分翔实，而且配有很多手绘地图和实地图片。

至于前面提到的满铁调查部、东洋协会学术调查部、东亚同文书院等国策机构涉及我国边疆的调查及其资料，更是多不胜数，限于篇幅，在此不予详述。仅举满铁调查部组织实施的众多调查中之一项为例。1922年5—6月，受满铁调查部之委托，考古学者八木奘三郎对沈阳以南大连铁道沿线地区进行实地探察，后参考其他文献，编写出版了《满洲旧迹志》（1924）。该书对东北地区各时代之遗物、遗迹，尤其是寺庙道观及其建筑等，均作了具体记述和考察，与村田治郎后来编写的《满洲之史迹》（1944）一起，成为了解东北文物史迹的代表作，同时，也为我们研究日本殖民统治时代的实地考古调查提供了一份实证材料。

进入20世纪20年代后期，又有东亚考古学会（1927）、东方文化学院（1929）、上海自然科学研究所（1931）等相关学术机构或团体诞生，日本对我国边疆，特别是所谓"满蒙地区"的"学术调查"及研究，也进入一个新的阶段。其中，考古调查尤为突出。在此领域扮演主要角色的即以东（东京）西（京都）两所帝国大学考古学者为首的东亚考古学会。该学会凭借日本军政界的后援和充足的资金，又打着与中国考古学界合作的旗号，无视中国主权，对我国东北及内蒙古等地的古代遗迹，先后多次进行大规模的发掘调查。如1927年滨田耕作、原田淑人等对旅大貔子窝遗址的发掘、1928年对牧羊城遗址的发掘、1929年对老铁山山麓南山里汉代砖墓的发掘、1933年对旅顺鸠湾羊头洼遗迹的发掘、1933年及1934年两度对渤海国上京龙泉府（东京城）遗址的发掘、1935年对赤峰红山后遗迹的发掘等。发掘后的调查报告由该学会以"东亚考古学丛刊"的形式出版，其中甲种6大册、乙种8册。前者依次为《貔子窝》（书名副题省略，下同，1929）、《牧羊城》（1931）、《南山里》（1933）、《营城子》（1934）、《东京城》（1939）、《赤峰红山后》（1938）；后者涉及边疆者有《内蒙古·长城地带》（乙种1，1935）、《上都》（乙种2，1941）、《羊头洼》（乙种3，1943）、《蒙古高原〈前篇〉》（乙种4，1943）、《万安北沙城》（乙种5，1946）。另外，该学会还编辑出版了《蒙古高原横断记》（1937）等调查日志和研究论集《考古学论丛》（1928—1930）等。上述数目众多的调查报告在日本被誉为"奠定了东亚考古学基础"的重要文献。

东方文化学院更是由日本官方主导的对我国进行调查研究的机构，属于所谓

"对华文化事业"之一部分，分别于东京和京都设有研究所。其评议员、研究员等主要成员，几乎囊括了当时整个日本的中国学研究领域的权威或骨干，如池内宏、市村瓒次郎、伊东忠太、关野贞、白鸟库吉、宇野哲人、小柳司气太、常盘大定、鸟居龙藏、泷精一、服部宇之吉、原田淑人、羽田亨、滨田耕作、小川琢治、梅原末治、矢野仁一、狩野直喜、内藤湖南、桑原骘藏、塚本善隆、江上波夫、竹岛卓一、水野清一、长广敏雄、日比野丈夫等。若列举受该组织派遣或委托赴我国从事调查研究的人员，仅其名单就需要数页纸才能列完。为数众多的是对我国的调查及成果，内容也涉及方方面面，其中与边疆有关的调查文献资料主要有伊东忠太《中国建筑装饰》（5 卷，1941—1944），常盘大定和关野贞《中国文化史迹》（12 卷，1939—1941），关野贞《中国的建筑与艺术》（1938），关野贞和竹岛卓一《辽金时代之建筑及其佛像》（上下卷，1934—1935），原田淑人《满蒙文化》（1935），竹岛卓一和岛田正郎《中国文化史迹·增补（东北篇）》（1976），佐伯好郎《景教之研究》（1935）、《中国基督教研究》（3 卷，1943—1944），驹井和爱《满蒙旅行谈》（1937），池内宏、梅原末治《通沟》（上下卷，1936）等。

中日战争爆发后，为实现彻底征服中国，进而侵占整个亚洲及太平洋地区的野心，日本以举国之人力、物力和财力，投入侵华战争中。此时，学界及研究界更是身先士卒，主动配合国策，积极参与对我国的各种调查与研究。先后设立的东亚研究所、太平洋协会、回教圈研究所（以上为 1938 年设立）、民族研究所（1943）、西北研究所（1944）等国策学术机构，均为涉及中国边疆调查的核心团体。如东亚研究所就曾开展过许多对我国边疆的调查与研究，其成果大多成为日本制定国策时的基础资料。笔者手头有一本盖着红色"秘"印的《东亚研究所资料摘要》（全书共 238 页），编刊于 1942 年，是该研究所登录资料之目录或简介。包括"甲、调查委员会报告书""乙、本所员调查报告书""丙、中间报告、翻译乃至部分性成果资料等""丁、委托调查报告书""外乙、本所讲演速记"等，资料所及区域涵盖中国内陆及边疆省区，另有"南洋、近东、苏联、外蒙"等。内容涉及政治、经济、社会、文化、资源、外国对我国的投资、黄土调查、满蒙关系、海南岛关系等。又如民族研究所从 1943 年成立，至 1945 年日本战败，短短两三年时间，不仅从事过大量服务于国策的文献研究，而且还奉政府及军方之命，对从东北到西南的我国边疆省区进行了多项调查，甚至于 1944 年组派两个调查团，奔赴内蒙古和新疆等地进行民族宗教文化探查。

　　以上只是对日本近代对我国的"学术调查"作一简单而又部分性的回顾和介绍。这类调查涉及面宽广，文献资料浩瀚庞杂，限于篇幅，这里不可能全面涉及。但从中也可以看出，以甲午和日俄两大战争为契机，为响应或配合对外扩张的国家战略，日本人对我国的"学术调查"逐步开展起来，并日益活跃。20世纪20年代后期，随着日本政府所谓"对华文化事业"的实施及受其刺激，东亚考古学会、东方文化学院等国策学术机构先后成立并迅速行动起来，尤其是当伪满洲国建立后，在所谓"满蒙地区"开展了一系列大规模的发掘调查。侵华战争开始后，日本学者更是主动配合国策，奔赴我国各地从事调查研究等活动，以实际行动实践所谓"学术报国"。因此，可以说，近代日本人对我国的"学术调查"或研究从初始阶段即有扭曲的一面，尽管在方法上有其科学的成分，在成果方面也有值得肯定或可取的地方，但是总体上难以否认其充当帝国主义或殖民主义生产工具之本质。

　　"二战"后，日本的中国研究学界对其战前的所作所为，虽有部分反思或批判的声音，但整体上并没有作深刻反省和彻底清算，甚至至今仍有全盘肯定或肆意讴歌者。对在这样一种历史背景下发展起来的日本战后中国学研究，笔者认为，在不少方面需要有批判性眼光或谨慎判别、正确对待之态度。对战前的"学术调查"这一正负兼有的遗产，更应有这种眼光或态度。

　　笔者一直致力于收集或考察近代日本人的涉华文献资料，而近代日本人涉华边疆调查或纪行资料，从文献角度来讲，价值很大，故多年来一直想着把这些文献择优译介出来。此次承蒙暨南大学出版社为该项目申请到国家出版基金资助，终成此事。

张明杰

2015年10月

译　序

　　《东北侦探记》是由《满洲纪行 甲》《满洲视察复命书》和《满洲旅行日记》（以下简称《纪行 甲》《复命书》《日记》）三份资料合译而成，翻译时所用版本如下：《复命书》见《明治百年史丛书》之《西南记传》，《纪行 甲》见参谋本部发行的内部书刊，《日记》则取自亚洲历史资料中心电子版。

　　从1872年的《复命书》到1903年的《日记》，《东北侦探记》一书前后跨越了30余年，这30余年是日本明治维新成功到它的全盛期，在日本近代史上占有"辉煌"的一页。但是，我们在研究近现代史的时候，总会发现那些万恶战争的根源也都可以追溯到这个"辉煌"的时期。译者在翻译这三份资料时，注意到作者大都是军人，而且大都是政府派遣的，虽然他们并非高官，也没有政策决定权，但译者还是对他们的这些侦察结果和他们对清朝的认识在日本的"大陆政策"里有没有起到作用很感兴趣。顺着这个思路，译者做了一点整理工作。

　　1872年提交《复命书》的三位"侦察员"为池上四郎、武市正干、彭城中平。

　　池上四郎，又叫池上贞固，1842年出生于鹿儿岛，岛津藩士，历经戊辰战争各战。1869年任鹿儿岛常备队教佐（常备队官职：大队长、教头、教佐、小队长、半队长、分队长），1871年任近卫陆军少佐，正7位。1872年奉命视察满洲，1873年回国复命后因西乡隆盛①倒台而随之辞职回乡，1877年死于西南战争，时年36岁。归乡后的活动，文献记载不同。《西南传记》说他效力于明治七年（1874）西乡在鹿儿岛设立的私立学校，而《池上四郎年谱》却说他并不看好这所由步枪学校和炮队学校组成的军事学校，而且当时他正在生病，没有参与建学一事。池上的父亲是岛津家的侍医，池上是长子，本应继承家业，但他不喜欢医学，总是跟着西乡等人舞刀弄枪，又常常到当时的政治中心江户打探形势、收集

---

　　① 西乡隆盛（1827—1877），现鹿儿岛人，明治时期政治家，陆军大将。在王政复古政变、江户无血开城等事件中起了重要的作用。在岩仓具视出使外国时，担任留守政府负责人。1873年因征韩论下台。1877年发动西南战争，失败后自杀。

情报，当西乡等人在军事上拿不定主意时，他总是能出一言之力。西乡评价他"智谋之周密可谓张子房第二"。池上在提交《复命书》时对清朝的形势是这样分析的："尽管盛京将军频繁地上奏要求改革兵备，但积弊已久，士气腐败，士兵既胆小又懒惰，常备兵有名无实，再加上没有纲纪，官吏公开贿赂，商民怨声载道。如此，不用几年，清朝就将土崩瓦解。我们要解决朝鲜问题的话，现在是最好的时机，这个机会将一去不复还。"

武市正干，又叫武市熊吉。1842 年出生于高知县，土佐藩士，学武于致道馆。戊辰战争时活跃在板垣退助①麾下，转战各地，屡立战功。传记里说他在侦察方面机智非凡。1871 年任陆军大尉。1872 年特任为外务省出仕，和池上四郎一起赴满洲侦察。1873 年回国复命后，正值征韩论派下台，这使摩拳擦掌的征韩论派士族大失所望，他们视右大臣岩仓具视②为内治派的罪魁祸首，策划暗杀行动。1874 年 1 月武市和高知县士族等 9 人在赤坂袭击岩仓乘坐的马车，岩仓逃脱，暗杀未成功，而武市等人被捕处斩，时年 34 岁。

彭城中平，又叫彭城大次郎。肥前人士，1832 年出生在长崎唐通事家庭。先祖是江苏淮安人刘凤岐，刘氏的第二代改姓彭城，彭城中平为第 11 代后人。明治初期唐通事多被外务省任用，活跃在近代外交舞台上。彭城家在一次大火中被烧毁，于是彭城中平也上京当了权中录，1872 年被派作翻译兼文书随池上、武市前往满洲侦察。传记中说他是明治初期的探险家，但未找到有关记录。1874 年，日本进攻台湾时，在台湾死于疟疾的日本兵多达 560 人。据《唐通事家系论考》（长崎文献社，1979）及亚洲历史资料中心 C04026795800 记载，他是其中之一。卒时 42 岁。

以上三人是最早潜入我国大陆的日本"侦察员"。

早在 1871 年，江藤新平③就提出向清朝派遣佛教徒，目的是安插间谍，为实

---

① 板垣退助（1837—1919），现高知县人，明治时期政治家。维新后任参议，因征韩论下台。1874 年建议设立民选议院，开始自由民权运动。1881 年结成自由党，出任总理。1887 年获得伯爵称号。中日甲午战争后，推动第二次伊藤内阁和自由党接近，任内务大臣。1898 年又担任大隈内阁内务大臣。1900 年退出政界，晚年从事社会改良运动。

② 岩仓具视（1825—1883），京都人，明治时期政治家，和萨摩、长州的倒幕派关系密切，在王政复古中起了很大的作用。维新后历任参与、议定、外务卿、右大臣，1871—1873 年任特命全权大使视察欧美各国，回国后提倡优先国内治理。1881 年建议制定宪法，1883 年病逝。

③ 江藤新平（1834—1874），现佐贺县人，明治时期政治家，著有《谕鄂罗斯檄》《图海策》，提倡攘夷、开国，建议迁都江户，主张中央集权。因率征韩论派和政府抗战被处斩。

施战略做准备。他建议精选密探数人前往清朝刺探情报，调查清朝的地理及其他事项，认为可将密探混于僧侣之中，也可根据具体情况和僧侣分开行动，这样5年之内就可以掌握清朝国情。一旦在外交上找到借口，立即出师问罪，一举征服清朝。届时或联合俄国共同出击，或策动俄国保持中立。所以西乡和副岛、板垣商议决定派出池上、武市和彭城装扮成商人前往满洲侦察。虽然池上、武市和西乡、板垣的关系密切，但派遣他们并非出于个人关系，当时是由各省选派数名人员经过训练后"百里挑一"选出来的，参加政府组织的军事行动。他们都是武官，所谓外务省十等出仕的职务只不过是临时挂的名分。彭城虽是真正的外务省职员，但他也和同行者一样装扮成商人，他的主要任务是做翻译。政府要求他们查清朝鲜对明治维新的态度，俄、清、朝之间的外交关系，爱新觉罗兴起之地的兵备、民政、人心所向，朝鲜派领历使见恭亲王要求他战余中保一事是否属实；尽可能详细记录各地地理、人情、民产、满、汉、俄、朝的语言使用区别，江河海边是否可以停泊舰船，货币的种类，物价的高低等。政府还指示他们物色去过清、俄、朝交界的洋人进行询问；雇佣清国人做翻译和向导；为保密可随时用化名、换服装；得到情报时密封寄回，或派一人先回国。他们本来是要以牛庄为根据地进行军事侦察，但由于3年前那里发过洪水，导致河川变浅，蒸汽船无法靠岸而改以营口为根据地。经过一年左右的活动，武市于1873年4月回国，彭城于7月回国，池上最后回国。他们记录了满洲的地形、政治、兵备、财政、产业、交通、气候、风俗、人情、物价等，观察了俄国人和朝鲜人在满洲的活动及贸易实况。可以说圆满地完成了外务卿副岛种臣①交给的上述任务。

黑龙会为编修《西南记传》到副岛种臣家里收集征韩论资料时，由于他生前烧毁了当时的全部书牍记录，他和西乡、江藤、岩仓等要人的信件一封都找不到，最后只在仓库里找到一个小盒子，里面藏有若干文件，《复命书》就是其中之一。36年后出版的《西南记传》："公开这份资料证明当时的征韩论绝对不是空谈阔论。"显然，《复命书》很有分量，它给了征韩论派巨大的信心。

那么，征韩论和东北侦察有什么关系呢？征韩论派不是倒台了吗？

没错，以西乡为首的征韩论派是倒台了，他们很多人也都在西南战争中丧命了。但是非征韩论派并非不想征韩，只是认为为时过早而已，他们是要先搞内

---

① 副岛种臣（1828—1905），现佐贺县人，明治时期政治家，东邦协会会长。维新后任参与、参议、外务卿，日清修好条规批准书的全权大使。1873年因征韩论下台。

政。征韩论的目的也并非只在朝鲜，它只是"大陆政策"的起点而已。明治初期，日本实行废藩置县后，势力和利益受到削弱的旧士族开始反抗，政府机构的腐败也越发严重，社会出现不稳定的现象，西乡等人正要给这些负能量找个宣泄的地方时，外交官佐田白茅①和森山茂②认为朝鲜对明治新政府"无礼"，建议征韩，于是就有了征韩论。如上所述，征韩行动搁浅了，但"大陆政策"依然进行，紧接而来的是"征台"。

明治初期，日本还没有中国地图，1871 年兵部省内设立参谋局后，才开始掌管情报、制作地图。在连对方吃什么饭、睡什么床、天有多冷、路有多宽都一无所知的封塞时代，首次侦探的《复命书》留下了很多基本情报，无疑是留守政府的一大收获。这个收获在中日甲午战争中起到了极大的"作用"，日军所占领的地区和《复命书》几乎同出一辙。

13 年后的 1885 年，日本已经巩固了直属天皇的参谋本部，情报侦察就更有组织地进行了。参谋本部的设立标志着近代日本军队已从国内防卫军转型为向外扩张的军队。参谋本部长山县有朋③不受内阁制约，在陆军省内自由发号施令，给了陆军将校很大的权利。明治初期日本在设计对外政策时靠的都是这些野心勃勃的年轻军人收集的资料。他们都学过测量，旅途中也都秘密携带测量器材。这个时期的侦察活动主要是对外国兵要地图进行实地测量。《纪行 甲》作者的任务就是实地测量东北军事地形。我们细读《纪行 甲》的话会发现这只是复命书的文字部分，参谋本部印发它（包括乙、丙、丁），扩大内部阅读范围自然有它的政治目的。它更重要的内容是只有目录而没有出现在《纪行 甲》里的地图。很可惜的是找不到原图，不过在军用手册《满洲沿道志》上，到处可见菊地在满洲的"足迹"。

《纪行 甲》的作者菊地节藏是一名身经百战的军人。1856 年出生，静冈县士族，以秋田藩士为人所知（何时迁往秋田不详）。戊辰战争时，他谎报年龄跟着父亲参战。战后就学于兵学寮，毕业后进近卫联队，步兵少尉。西南战争时任小

---

① 佐田白茅（1832—1907），现福冈县人，明治时期外交官，1869 年底任外务省判任出仕实地调查对马和朝鲜的关系，1870 年回国后建议征韩。撰写自传《征韩论旧梦谈》。
② 森山茂（1842—1919），奈良人，明治时期外交官、政治家，继佐田后负责对朝鲜的外交工作，1890 年任富山县知事，1894 年任贵族院议员。
③ 山县有朋（1838—1922），现山口县人，明治、大正时期陆军军人，政治家。维新后从事陆军兵制改革，历任陆军卿、参议、参谋本部长、内务卿、首相。

队长。1881 年升中尉进参谋总部，赴符拉迪沃斯托克 2 年后转往布拉戈维申斯克 3 年，他是第一个长期在俄国工作的陆军将校。《纪行 甲》就是他经满洲回国时写的。壬午政变时，他潜入朝鲜搞谍报工作。之后作为留学生监督赴莫斯科，这个时期菊地对哥萨克制度做了一系列的研究。任满后，独自乘雪橇横穿西伯利亚大陆，那时收集的资料就是后来参谋本部刊行的《西伯利亚兵要地志》。他的这次探险比福岛安正①的西伯利亚探险还要早七八年，并撰写论文《俄国黑龙江歌萨克军沿革》（1888 年，《偕行社记事》第 3 号）和《悉比利亚东边旅行记》（东京地学协会报告 8、9、10 号）。据陆军省 1908 年 7 月 1 日的《陆军现役将校同相当官实役停年名簿》记载，菊地此时是从 5 位、大佐，立过四等功，还拥有三等勋章瑞宝和旭日各一枚。他历任屯田兵参谋、台湾军参谋、静冈联队区司令官。参加中日甲午战争时任临时第 7 师团第 2 大队长。参加日俄战争时任后备步兵第 52 联队联队长。战后作为步兵第 64 联队联队长转到满洲编入关东总督管辖。1907 年春联队回到大阪，1908 年又开往朝鲜，同年 12 月升任陆军少将的同时却被剥夺实权。因不满长州军阀官僚在陆军人事调动上的专横跋扈，工作交接后，菊地在朝鲜任地咸镜道北青宿舍里自尽，时年 53 岁。

明治时期，日本有一种驻在武官，他们在大（公）使馆内设有办事处，享有外交官特权，专门收集军事情报，同时负责管理在外留学生。驻在武官拥有很高的独立性，他们不但可以从陆海军处领取活动资金，还可以使用陆海军的密码。虽然 1881—1892 年，俄国大（公）使馆没有驻在陆军武官记录，但从菊地和参谋本部的通信记录来看，他的任务就是（或者说是包括）收集军事情报和管理留学生。

1885 年 7 月 7 日，参谋本部给在布拉戈维申斯克的菊地发电报，命令他和外语留学生一起经满洲到牛庄乘船回国，并告知护照将在当月 10 日寄到瑷珲。这就是他最先到瑷珲而最后一站是牛庄的原因。他的这次旅行绝非像他跟清朝官吏说的那样只是回国途经满洲，顺道看看风土人情那么简单，正像他在《纪行 甲》开头提到刚进入黑龙江就在齐齐哈尔把预定路线报告给上级了一样，完全是一次有目的、有计划的军事侦察任务。而且他的目的也很明确，就是要走小路，侦察没

① 福岛安正（1852—1919），现长野县人，明治、大正时期陆军军人，参谋次长、关东都督。1882 年视察朝鲜和清朝，撰有《清国兵制类聚》《邻邦兵备略》，曾任北京、德国公使馆副驻在武官。1891 年俄国宣布建设西伯利亚铁路，为对抗俄国的南下，当时他在德国的福岛奉命收集情报，于 1892 年骑马横穿西伯利亚。

有人侦察过的地方，实地视察三姓和宁古塔之间的军道，了解靖边军队和殖民地区的现状。实际上《纪行 甲》也是复命书，它是从明治初期派往满洲的众多军事侦察员的复命书里挑出的具有代表性的报告。已知刊行的有甲、乙、丙、丁 4 册，书名应该是参谋本部印刷时决定的，当时是内部发行，东京大学综合图书馆藏有的 4 册《满洲纪行》是有栖川宫家①于 1924 年赠送的。它们是 1900 年参谋本部出版的兵要地志《满洲沿道志》的基本资料。出版时间应该也是那个时候。《满洲沿道志》是一本军用手册，不过手掌大小，方便携带，封面印有"明治天皇御内廷书类第 2519 号，将校以外不许阅读"。根据手册凡例介绍，它的目的是为作战部队在行军、驻军和战斗时提供方便，它是以军事侦察员提交的纪行为基础编写的，并在得到新情报时不断更新。

菊地带着两个留学生、一个随从，一行四人从俄国进入黑龙江后，实地调查了瑷珲、墨尔根、齐齐哈尔、呼兰城、松花江畔殖民地、三姓、牡丹江沿岸军道、宁古塔、额穆索站、吉林、开原、铁岭、奉天、牛庄各地。三个多月的旅程收获颇多。他参观了吉林省机器局和火药制造局，调查了兵营、火药库、粮仓等军事装备，对水路运输、贸易物产、驿站军道、马匹饲养、矿产、粮食、税金、物价都有详细的记录。他还非常注意清朝由内地往东北地区的殖民实况。

菊地非常"出色"地完成了他的军事侦察，他在记录、分析侦察情报时还是客观的，但在叙述各城的接待时扮演了一个相当令人讨厌的角色。或许是他年轻气盛，或许是他的侵略者本色，他露骨地蔑视清朝，不断地发牢骚，认为清朝官吏不懂外交礼仪，他动不动就搬出所谓的通商各国交往惯例责备清朝官吏怠慢他们。一路大闹各地衙门，黑龙江的军事情报就是他在大闹齐齐哈尔将军府时得到的。他未经许可闯入将军府，一发现墙上有兵备配置表，马上装作在朗读屋里墙上的诗词，用俄语迅速地口译了兵备配置表，让同行的学生记录了下来。然后拿着它一路核实。为了达到自己的目的，他还经常威胁清朝官吏，说他是持有大清国总理衙门护照者，理应受到保护，如果出了危险，清朝是要负责的。

这里有几点需要说明。

一是有关护照的意义。我们现在使用的护照是由 International Conference on Passports, Customs Formalities and Through Tickets 规定、由本国发行的，持有人拥

---

① 有栖川宫家：日本皇族之一，始于 1625 年后阳成天皇第 7 皇子好仁亲王，终于 1913 年威仁亲王。历经 10 代。

有发行国的国籍，这种护照是 20 世纪 30 年代开始实施的，那之前的护照则是任何国家都可以给任何人发行的一次性文件。菊地的护照只有 3 个人的名字，但实际上他们是 4 个人，这说明当时的护照并不是出入国境时必需的证件，实际上菊地也是进入中国国境后在瑷珲拿的护照，从护照的内容来看，它更像是对护照持有者的一种"保护"和"照顾"，顾名思义的"护照"。菊地一行从黑龙江到吉林这段路动用了大清马队护卫兵 83 人。他就这样大摇大摆地通过了三姓和宁古塔之间的还未启用过的新军道。这种"护照"在那之后就越发变得有特权了，简直就像不平等条约一样，令人悲愤万千。

二是菊地对清朝的认识其实存在着一种文化差异，比如菊地很不解为什么自己已经把话说得很难听了，清朝官吏还如此恬不知耻。译者不得不为这位清朝官吏叫声"冤"，中国人的感情是外露的，会表现在面目表情、肢体动作、语言词汇里，但日本人不是，很多场合我们觉得自己还很受尊敬的时候，其实已经在挨骂了，因为对方的词汇很温和，甚至用的是敬语！所以这位清朝官吏应该不是如菊地所说没有自尊，而是没有听懂他的话。又如，菊地对满洲人的"从哪来的""多大了"这种带有关怀性质的寒暄也极为歧视，同样，如果现在我们这样和日本人打招呼也会被认为是侵犯个人隐私。当然我们不可能在这方面对一介武夫要求什么，也不可能对一个边远地区的低层官吏太过苛求，况且当时他们之间还有另一个差距，菊地是"高层的""国际的"，而他接触的清朝官吏是"底层的""地方的"。

三是东三省的译法。比如"满洲大地统称东三省，位于关东，包括盛京、吉林、黑龙江三省，其中吉林和黑龙江两省……"简译成"满洲位于关东，包括盛京、吉林、黑龙江……"（第 45 页）。因为现在的东三省是指 1907 年以后的行政单位，但是在那之前，清朝已经存在东三省的名称了，它是指盛京、吉林、黑龙江三地将军所统帅的士兵的总称。当时日本的书籍里都沿用这个名称。为了避免混乱，本书没有使用行政单位"省"。

又过了 18 年，即 1903 年，东京偕行社 326 号通信上刊登了植村雄太郎的《日记》。据 1903 年 7 月 1 日调查的《陆军现役将校同相当官实役停年名簿》记载，植村当时 39 岁，福冈出身的士族，从 6 位，获有五等瑞宝章，是步兵第 32 联队联队长。他后来任过秋田区司令。据亚洲历史资料中心 A14080694200 号文件记载，1915 年植村已升任大佐。

东京偕行社是日本陆军的将校俱乐部，所有现役将校都是它的成员。《偕行社记事》创刊于1888年，是军方控制的陆军现役将校的唯一综合机关杂志，所有稿件都要走陆军省、参谋本部、监军部的程序。当时，日本的陆军编制正从对内的镇台制开始转向对外的师团制度。它的主要内容是翻译西欧的军事技术。缺少对实战如中日甲午战争之类的记述，直到在对俄作战准备期间，有关俄国的投稿还是很少。《日记》正好填补了这个不足。植村1903年9月25日回到日本，10月4日上交《日记》，11月就出版了，可见在层层上送时畅通无阻。

《偕行社记事》是这样介绍《日记》的："本文是植村步兵少佐自费旅行的日记，由第八师团林参谋长寄送到编辑部，这次旅行本来不是任务，所记内容虽然也并不全是有关军事的，但它不但对了解当地概况很有帮助，而且我们也希望出现更多的像少佐这样的旅行者。为此，我们将其作为这期的附录刊登颁发。"当时军队上层积极号召年轻士官涉足满洲，植村本人也在《日记》中不断地鼓励其他军人前往满洲旅行。

明治以后，日本不但不断派遣文武双全的将校前往满洲侦察，对基层军人的教育也很重视。比如，1882年日本的士官学校就增加了支那语学科，各大镇台也由精通俄语者做教师。1902—1909年，《偕行社记事》又开设了德、法、英、俄、中5科外语专栏供将校自学。植村的部队屯驻在偏僻的山形县，那里的学习环境较差，他就是靠这个专栏自学俄语的。

1903年8月5日，植村从山形县出发，到神户乘船前往朝鲜釜山、元山、城津，之后转往符拉迪沃斯托克，再坐火车进入东北到哈尔滨、奉天、辽阳、大石桥、营口、大沽、烟台、旅顺、大连，从大连乘船回日本，9月25日回到山形县。

《日记》由绪言、5封信、附言和4张手绘图组成。

绪言的字字句句都让读者感受到了植村对满洲的向往和出发前的兴奋。

第一封信，8月19日完成于符拉迪沃斯托克，附一张符拉迪沃斯托克略图。记述了那里的地形、气候、人口、风俗习惯和俄军在当地的现状，还特别提到了建大守国的敕令，说俄国要在东亚领土上规划出一个隶属沙皇的大守国，包括关东省、黑龙省、沿海州和已占领的满洲地区，赋予外交、军事及其他行政上的独立行使权。不过这部分内容在刊登时被删去。被删去的还有"参谋本部"及"间谍"等文字。

第二封信，8月25日完成于哈尔滨，描述了驻符拉迪沃斯托克俄军下层士兵生活穷困潦倒，整体军纪松散，以及从那里到哈尔滨沿路的地形、军备，介绍了哈尔滨日侨的生活和俄军建设哈尔滨的规模。

第三封信，9月1日完成于营口，附一张哈尔滨略图。信里描述了哈尔滨俄国骑兵的操练和火车里俄军的日常状态，以及从哈尔滨到烟台、大石桥、辽阳、营口的见闻和沿路的俄军军力。我们从这段旅程中得知当时的铁路建设还是非常简陋的，到处都有损坏的路段，火车常常无法通车。同时，在这封信里也透露他怕被发现而不敢公开记录的心惊胆战，这使我们感觉得到当时日俄间一触即发的紧张关系。

第四封信，9月7日完成于烟台，值得注意的是这封信提到："很遗憾今年没有将校军官考察清国北方。考察清国北方很方便，这是众所周知的。如果能搭乘上顺路的船只，从太沽到北京及山海关，到处都有日本军队，住宿方便，招待又热情。费用只要几十日元就够了，比在国内去泡三周温泉便宜得多。到前年为止，因为好奇心所驱，各地的将校军官纷纷来到清国北方。去年因为流行病，上级禁止我们来这里旅行。"也就是说中日甲午战争后日本将校到我国旅行是普遍现象，因1902年我国出现了流行病，他们的旅行才被上级禁止了。植村感慨道："照理说今年应该有更多的将校军官来才对。然而，驻屯司令部说只来了一名将校军官而已，和他预想的相差甚远。一般的将校军官，特别是青年将校军官放弃这个有利的机会，关在日本的小天地里，这样下去军国的前途将会是怎样的呢？我为此很是担心。"此时，我们才真正懂得《偕行社记事》刊登《日记》的真意。同一封信里，这个39岁的军人还表现出对学中文的极大热情。他说："我回国后，一定要在学习俄语的同时也学习清国语。"因为他认为"西伯利亚、满洲，以及清国北方，将来一定会和日本紧密联系在一起"。

第五封信，9月11日完成于大连，附旅顺略图和俄军射击演习图各一张。这封信里详细地记述了旅顺和大连的俄军实况，但更为重要的还是在刊登时被删掉的一段内容："最近各地有很多传闻，说是旅顺、大连的俄国人，男女老幼这四五天之内就要往俄国或者符拉迪沃斯托克方向避难，这到底是否可信？如果这是真的，这是不是受我国舰队集合于佐世保附近的影响？又听说现在俄国舰队集中在符拉迪沃斯托克港，不久将有什么行动，在这里视察四五天看看再讲……"再次证明了为争夺我国东北大地两大侵略者的紧张状态。

最后，他在附言里纠正总结了对俄国的看法。"铁路的铺设方法，首先是为军事目的迅速铺好全线的轮廓，然后再按照顺序完成各处细节。所以如果只看最初那种暂时的铁道，就以为俄国的铁道不太完备，那就大错特错了。现在北满洲线的真正工程已经完成了一半，南满洲线的完成期还要稍等一段时间。与此相反，兵营的建设南方却比北方快；南方马上就完成了，而北方却还只有七八成而已。""俄国经营满洲的事业已成功八九成了。现在一旦和平被破坏，可说是'为山九仞，功亏一篑'，俄国将会遭受非常大的损失。旅行中所见到的是，俄国人一方面虐待清国人，另一方面又对他们采取怀柔政策。从这些情况看来，他们对日本旅客和对其他欧洲人一样，似乎是以善意相待的。"这段话想要表达的也许是他对战争形势的判断，但字里行间的优越感令我们看到了当时我国东北人民的屈辱。

纵观《东北侦探记》全书，可说这三份资料代表了日本情报侦察的三个阶段，首先是占领朝鲜半岛之前，间谍还需要翻译，工作也是完全秘密进行的；中日甲午战争前，间谍就已精通外语，能文能武，侦察已经公然展开了；到了日俄战争之际，用全民皆兵、全兵皆谍来形容也许过分了，但《日记》发表的意图和植村的行动好像又给了我们一个佐证。无论哪个阶段，他们都有一个共同点，就是在观察军事的同时还做经济调查。身为军人，为何对经济会有如此大的兴趣呢？这是译者无法理解的。总之，这30余年可以说日本对我国东北大地从一无所知，经侦察、交涉、作战，几乎达到了无所不知的程度。这为其以后大面积的侵略打下了基础。《东北侦探记》的5位作者除了彭城，其余4位是军人。除了植村，有4位都是由政府或军部派遣的，无论是军人还是非军人，无论是政府、军部派遣的还是个人自由行，他们的书面报告都是受到日本政府和军部的高度重视才保留至今的。他们的侦察行动都是日本"大陆政策"的实际工作之一，侦察内容更为"大陆政策"的下一步完善实施打下了基础。

张小兰

2017 年 4 月于东京

目　录

总　序　/ 001

译　序　/ 001

满洲纪行　甲　/ 001
  第一章　各城的接待　/ 003
  第二章　兵备（附兵营、火药库、谷仓）　/ 045
  第三章　吉林机器局及火药制造局　/ 069
  第四章　风俗习惯　/ 074
  第五章　水陆运输概况（附旅程中收集的物资统计表）　/ 078
  第六章　贸易物产（附满洲物价比较表）　/ 084
  第七章　殖民地及贡租　/ 098
  第八章　邮驿及军用道路　/ 100
  第九章　满洲金矿的近况　/ 103
  第十章　满洲马匹饲养实况　/ 105
  第十一章　满洲的粮食　/ 110
  第十二章　新税的布告　/ 113

满洲视察复命书　/ 115
  一、绪　言　/ 116
  二、复命书绪言　/ 117
  三、在清国逗留期间的见闻（上）　/ 119
  四、在清国逗留期间的见闻（下）　/ 139

满洲旅行日记 / 141

    绪　言 / 142

    第一封信 / 144

    第二封信 / 151

    第三封信 / 155

    第四封信 / 161

    第五封信 / 165

    附　言 / 169

    附　图 / 170

满洲纪行　甲

菊地节藏[①]

---

① 菊地节藏（1857—1908），日本陆军军人，详见译序。

这次我从布拉戈维申斯克回国的途中经过满洲一带时，在黑龙江齐齐哈尔所交报告中预计要去的各个城市虽然大都去了，但因路上碰到的困难很多，不幸浪费了不少时间，所以没有时间从吉林再绕去伯都讷，就不得不放弃这个原定的计划，真是遗憾万千。

兹记下所经路线，并附上护照全文，以记录这次旅行的概况。原本我从任地俄国领土沿海、黑龙江两州的布拉戈维申斯克渡过黑龙江，直接进入满洲的时间是 1885 年 8 月 1 日，而之后我就在黑龙江的瑷珲、墨尔根、齐齐哈尔等各城视察，进而走小路向左去了呼兰城，深入调查了松花江畔殖民地的情况。过了三姓沿着牡丹江沿岸的军事要道到达宁古塔城，再向右经过额穆索站后，从吉林出发，路过开原、铁岭、奉天等地到达牛庄。这次旅行共花了 103 天的时间，也就是说，从 11 月 11 日旅行结束到在牛庄踏上回国的航路，沿途地理记录完稿还需要一些时间，因此无法和报告书一起呈上。

本书主要记载各城的接待、兵备等事项，目录如下（略）。所有有关地理上的不足等事项，希望日后有机会再来编写。

护照上注明：大清钦命总理各国事务衙门为发给护照事。光绪十一年五月初四，准日本国驻京大臣榎本①函开"现接外务卿井上②咨本国驻扎俄国白拉照夫琛斯科府某③，拟于七月初旬（即农历五月下旬）偕同学生某④某⑤，取路瑷珲、齐齐哈尔、三姓、吉林、奉天等处，出牛庄回国，程期约需三月。转请发给护照，以便沿途验放"等因。前来相应缮给护照，劄行顺天府盖印讫，交某等收执。凡遇津关隘口，务顺随时呈验，并仰各地方官吏，一体遵悉，查验放行，毋稍阻滞。惟禁地及关防处所，均不得任意前往。须至护照者。

---

① 榎本武扬（1836—1908），生于东京，幕末至明治时期的政治家。留学荷兰，幕府海军副总裁。江户开城后，率幕府舰队在北海道建立虾夷岛政府，次年投降。历任俄国公使、大清帝国公使。内阁制度成立后，历任大臣。

② 井上馨（1835—1915），生于山口县，幕末至明治时期的政治家，长期任外务大臣，尽力于修改不平等条约，侯爵。

③ 即作者菊地节藏。白拉照夫琛斯科，即布拉戈维申斯克，因护照是当时大清签发的，故全文引用。

④ 满洲语学生，加藤绩，生平不详。

⑤ 满洲语学生，石川群治，生平不详。

第一章　各城的接待

这次奉命视察满洲,一进入黑龙江就甚感不快,最令人头痛的是:各城官员既怠慢我们,又想方设法不让我们去我们想要去的地方,令我们一次又一次地陷入困境。这里的官吏虽然查阅了我们所带的护照,但他们无法理解作为日本帝国的官吏为何要驻扎在俄国,学习俄语,了解俄国的风土人情。出于这种无知,他们动不动就把我们一行人误认为是俄国政府的侦探加以防备;不少人很讨厌俄国人,他们还认为我们就是俄国人。

本来他们只知道邻国有俄国人,但近来终于发现了俄国士官常常利用权谋深入满洲内部调查实况——这是因为俄国士官的调查经常失败而被发现。加上我们向满洲人询问的内容,总是会引起他们的注意和戒心,但这不过是出于满洲人的臆测而已。我想必须得消除他们的疑惑,于是就向他们解释了护照上的内容。我告诉他们,我们两国是缔结了条约的友好国家。我尤其想要他们了解该如何和条约国交往。可是这些顽固自大的满洲官吏到现在也不知道该如何接待外国官吏。不仅如此,他们还公然派官兵到我们的客栈,并一路"护送"——表面上是保护我们,无微不至,百般殷勤,其实不过是一种遮掩我们耳目、妨碍我们自由的手段而已。他们不但不讲真话,还故意不断地传递错误的信息来防止我们达到目的。

我们要上街的话,护卫兵必定说:"街上的人大多心眼不好,你们不便到处走。"

他们千方百计不让我们上街。这在黑龙江所有的城市几乎都一样:护卫兵始终监视我们的一举一动,又暗地里禁止我们和别人接触等。在卜魁(齐齐哈尔的俗名)的时候,他们的行为更过分。为了达到我们旅行的目的、维护我们的尊严,我们在与他们交往和谈判时,坚决支持依据通商各国的交往惯例来对付他们这些无知自大的官吏,我知道这才是上策。因此,如果他们的态度还是那么傲慢,我们也就毫不留情地驳倒他们。因为如果不这样做,他们会越来越狂妄,越来越无礼,越来越怠慢我们。

在该城他们妨碍我们雇车时的行为也笨拙得很。这种做法毕竟令我们甚感不快——而这正是他们妨碍我们的目的，是他们为令我们无法在这里逗留下去所采取的手段。这个时候，如果我们愤然拂袖而去，就正合他们的心意了，我们不能这样做。所以对付他们的方法只有忍耐，要让他们知道我们不达目的绝不离开这里。同时，在和他们交往时要当面戳穿他们的谎言，立即反驳他们，不给他们考虑的时间，使他们无法想到不成理由的借口。这些是和满洲官吏交涉时必须牢记的对付他们的应急措施。

过了黑龙江进入吉林后，那里整体的气氛和黑龙江相比却更为糟糕了，接触的官吏及人民虽然已不是黑龙江的了，但等待我们的是比黑龙江还要严格的限制：妨碍我们的社交、观察我们的行动、监视我们的出入，动不动就说要拿走我们的地形图，不断做一些令我们讨厌的事，似乎是专门来妨碍我们达到目的的。在吉林时还偷偷地派了两名街道厅的官吏住在我们的客栈，让他们窥视我们的出入行动。他们做到这种地步，实在是可笑至极。他们的侦察员不仅被我们发现了，还被我们利用了，这又足以成为一个笑柄。

总之，他们虽然没有像黑龙江的官吏那样胡思乱想，加害我们，但直截了当地说我们是日本政府侦探的人不少。所以我便明确地告诉他们，我是正在归任途中而经过满洲的。我还告诉他们，两国之间的交流、友谊本来应该是很亲密的事——我在谈话中最注意、态度最恳切，而又最强调的就是这点。因此，对待他们时，我并不采取守旧温和的方法来避开嫌疑，反而明确地维护日本官吏的尊严，尽量让他们体会到应该如此接待条约国的官吏，我知道这才是避开嫌疑的比较有效的方法。

下面我将记下各城接应我们的概况，告诉各位我们的行程是何等艰难。以此作为从齐齐哈尔寄给参谋本部长的报告的下篇。

8 月 17 日

我们一行人进入黑龙江齐齐哈尔（又称作卜魁）。刚到将军衙门前，护送我们来的墨尔根的士官就先进去报告。得此报告，8 个戴着垂着红色羽毛官帽的士兵就出来迎接我们。他们把我们引出南门，走过一条泥泞、闷热、到处都是腐烂的垃圾、臭气冲天、让人根本无法忍耐的横街，带我们走进挂着"同合花店"匾额的大门。正面有间小破房屋，铺着肮脏的席子，窗户的纸破得都没有了。左边是新盖的砖瓦房，右边是拴牲口的地方。雨水满地，牛马拥挤，蝇虫乱飞，对人来讲这是个太残酷的地方。这里是那些赶车的、做工的人投宿的地方。院子的左边有长条房屋的宅邸门，再左边又挂着一个写着"卖药局"的匾额。接待人员把我们带到这里，屋内的半边堆积着各种草药，剩下的地方只能勉强坐得下三四个人，这里的炕上铺着破烂的席子，窗纸都被煤烟熏黑了，而且所剩无几，炕上躺着两三个光着膀子的做小生意的穷商人。满洲官吏平常就生活在肮脏的环境里，所以这么脏的地方还被当作普通的地方用来接待外国人。如果只是因为无知而给自己的国家抹黑，本来还是可以原谅的，但这事绝不完全是因为无知而引起的，而是他们蔑视我们以示狂妄自大，故意给我们制造麻烦，想让我们尽快离开这个城市而想出的笨拙的方法。

于是我指责了接待我们的士兵的无礼，告诉他们我们不可能住在这样的药店里，要求他们另外安排住处。然而他们却进一步地打开大门左边的一间空屋的门，指着那里说会尽快叫人打扫卫生，请我们就住在里面。一听这话，我们都很气愤，说："我们怎么能住在马厩里？况且屋里还堆着饲草和牛马的干粪呢！"

如此一来他们也发怒了，说："马厩又怎么了？"

他们还指着放马的地方大吼："冬天下雪时我国连马都住在屋外呢！而且钦差大臣现在在这城里，各店都住满了护卫兵，没有空房，只将就今晚一宿，明天就可以到别的店住，你们应该答应才对。"

这时我们的车夫说："今天早上我们到公盛店时，店主说没有衙门的命令不能偷偷地让外国人住。"

我说："为什么一定要住公盛店？那是大店吗？是大店的话就住。可就算是公盛店也要衙门的命令，衙门下命令的话，我们就住；如果衙门不下命令，我们就只好离开这座城市去嫩江水岸，在那里野营吃住了。"

那些士兵说："两国不是友好相安吗？不可以这样做，特别是现在胡子（马贼）很猖獗，到处骚扰，很难保证他们半夜不来袭击，今晚求你们在这住一宿。"

我说："两国友好相安，所以贵国的官人身带公文来到我国，我国是绝不会用如此的接待方式来侮辱贵国的尊严的。你们现在嘴上虽然说友好，可对待我们并不友好，这是怎么回事？我坚决要到外面去野营，如果遭遇胡子袭击，我们只有自己对付，因为贵国的将军衙门不保护我们，已到了这个地步，那我们就不得不自己行动了。"

士兵说："这样做的话会出大事，明天一定可以住到别的地方，只求你们在这儿住一宿。"我知道再讲也不过是白费时间，就命令车夫掉转马头，车夫：

"大门已经上锁了。"我们刚从东门进来时，人们就叫着："老羌（本地人对俄国人的叫法）来了！老羌来了！"把我们当作俄国人。一下子从四面八方拥来了很多人，把我们围了起来，马车都不能进退了。当我们快到将军衙门时，街上的士兵突然逼近马路，围着我们的马车大声咒骂，非常喧嚣，那情景实在无法形容。护卫兵手持大鞭也不敢制止他们。我们一进这个店，追踪而来的人就接踵撞入门里。护卫兵没有办法制止，只好关闭大门防止他们乱闯进来。但就这样他们还爬上房顶、院墙，喧吵、咒骂我们，到现在还在闹。

我叫那些士兵迅速打开大门，士兵说："刚叫了一个通信兵赶往衙门了，不能不等他回来。"我也只好答应他了。

我们一行人今天没吃早饭，远道而来，很热，又饿得发慌，所以想先到门外吃午饭。那些士兵一直加以阻止，不给我们开门。没有办法，我们只好叫车夫出去买些馒头来，在烈日之下坐在马车上，吃馒头充饥，喝凉水解渴。那些士兵还不当回事地看着我们，好像毫无感觉的木偶人似的，一点同情心也没有。

过了26分钟，来了一个士官，仍然只是解释没有其他住处，他进了对面的旧房子后又出来说："别的地方有一个房间，请来看看。"

我们故意不下车，坚持说我们无法住在这样的荒屋里，如果没有其他住处，我们就只有野营露宿了。这时他们又派人去衙门请示，要我们再等等。

过了20分钟，来了一个更高级的士官。

他说："护卫兵错把你们带到这里了，这不是衙门的意思，请跟我去大店。"

他们拥着我们的马车再次走出那条泥泞的街道，带我们去南门内的增盛店。这时在路上跟着我们的士兵实在很多。一到店，他们就带我们进了一间旧房子，说："如果不合意，还可以找其他的店。"

虽然这房间也很不干净，但我们还是可以接受的，于是就叫他们先打扫窗户。我们才坐上炕，士兵们就跟进来撕下窗纸，他们轮流进来，弄得乱七八糟，但实际上什么事也没做。于是我们干脆打开窗户让他们看个够，还大声对他们说："你们来仔细看看吧。"

之后有一个士兵来催我们说："请尽快到衙门出示护照。"

我回答"明天去"，就让他先回去了。

18 日

这天我和外语留学生们一起，如约去了将军衙门，听从衙门护卫兵的指示进了兵司衙门。正面坐着 2 名官员，1 名戴红顶帽，1 名戴蓝顶帽；戴红顶帽的即兵司正堂，叫海昌。我们刚进去，他们就站起来致礼，请我们就座。我首先递上名片，然后递上护照，并请他代问将军好。

正堂说："将军今天微恙，先派人去看看能不能接见。"

正堂又问我："你们在这里几年了？有什么事？挖金子的人回来了没有？"

我回答道："我国政府想让我们学习邻国的语言，派我们在符拉迪沃斯托克①住了 2 年，之后又去布拉戈维申斯克住了 3 年，这些事都详细记录在护照上了。我现在已经毕业了，正在回国路上，经过满洲。看看这里的风土人情对我会很有益。我们沿途得到贵国官吏的保护，不胜感激。沙金场的事我们早就弄清了公理是非，我们为贵国感到愤慨，也了解详情，但贵国和我国是缔结了条约通商的国家，公法不允许我们泄漏国家机密。不过大概的情况，我国驻瑷珲的官员可以告诉你们。"

他听到这个回答后，苦笑着并且有些生气地说："你们可以在本城住几天，只是本城人民不懂礼仪，恐怕会有不敬之举，如果要上街散步，务必带上护卫兵。"

我礼貌地答应了，并说："大人，请允许我们参观练兵及营房，这是条约国间的惯例。另外还有一件事想麻烦您，我们听说钦差大臣也在这里，请问他的尊姓大名。"

他听了这话显得有些犹豫，旁边的人都说："不方便！不方便！明天不是演习的日子。"

我继续问他希望我们参观几点的演习。他慌忙回头，低声和旁边的人说："不怕！不怕！"

他们商量了让我们看哪些演习后，大声对我们说："可以，可以，可以参观五点半的演习。"

---

①【译者注】符拉迪沃斯托克：即海参崴，原属中国，1860 年第二次鸦片战争时与库页岛一并被清政府割让给俄国。

这时去将军府的士兵回来说将军微恙，不能接见，把护照交给正堂，正堂就把它还给了我，告诉我无法见将军。我们也就告辞了。走到门口才想起来忘了问钦差大臣的姓名，就叫一个人去问。

正堂说："为什么要问钦差大臣的姓名？我问沙金场的事你们不回答，所以我也不会告诉你们钦差大臣的姓名。"

我责怪他的回话不妥当，并说："不告诉我们的话，我也就不再勉强追问了。沙金场的事是贵国和俄国之间的交涉，不是小事，这在各位官员列席的情况下怎么能轻易谈论？而询问钦差大臣的姓名比起国际交涉，两者之间事情之大小、情况之缓急相差甚远。"

于是我很快告辞了。

我们刚入住增盛店时就有 2 名士官、2 名先锋兵及衙门人员等日夜守在屋里，名为保护我们，其实是在妨碍我们达到目的。谈话中偶尔涉及这个城市的情况，他们就马上禁止，尽量给我们制造障碍。不仅如此，他们还谎言百出，想让我们一开始就失去得知真实情况的线索。这不只是接待上的无礼，那狡猾的手段更令我们恨得咬牙切齿。我们为了达到目的，已经不得不下决心要不择手段了。这也是件很不愉快的事。

19 日

我如约从清晨开始去步兵队各旗的精锐营参观练兵。先是由护卫兵带我们去营总官房，摸仁（如同总理，这是统辖营的职称）好像好不容易才爬起来，慌忙穿戴整齐，迎接我们进入他的房间。室内很窄，只能坐五六个人。来了一个戴白顶子领花翎官帽的大胖子士官，他坐着，说是从盛京来的洋枪队教练。我先递上名片，并感谢正堂的好意让我们有幸参观今天的练兵。他们清国满洲人的一般习惯是立即问对方从哪来、多大年纪等。在路上、马车上或是车站上打招呼时先问年龄的人到处都是。他们看了我的名片好像不懂是什么意思，于是我就做了说明并问他们的官职、姓名。同时拿出记事本要求他们写下。

他们说："我们也有名片，等会儿送到您的住处去。"

其实是他们自己不会写汉字。不知为什么大多数满洲官吏都非常讨厌写他们的官职、姓名，总是回避着。过一会儿来了 2 名士官和我们交谈。我想首先大略讲一下我国的军事制度，打消他们的猜疑心，然后让他们感到我有必要了解该城的兵备情况。于是我先讲了之后才告诉他们："我们很钦佩、羡慕满洲的八旗制度，我们虽然知道一点大概的情况，但完全不了解内部编制，请各位英雄指教。"

可是他们并不谈其内部编制，只是暧昧地回答："本城有3万多士兵。"

我反驳说："满洲的军制书上写着水陆兵合起来共4万多，现在本城就有3万多的话，那么其他两地的兵力不是只有1万了吗？条约国的士官会面时彼此谈论各自的军制，这是对双方都有利的。可我每次询问贵国官员时，他们的回答都不一样，我不知道那是为什么。"

他们说："真的有3万兵，在村子里从事农耕。一旦有事，一下命令就能召集起来。本营的兵还有1 500人，有在营房的，有在街上的，每天分成几部操练3次。清晨练抬枪，中午练射击，下午练大刀、缨枪等。"

我们刚进门时士兵都从营房里出来看我们，我们一进营总官房里，他们就进入小院伸着脖子往窗户里看，虽然窗前人头攒动，但士官也不制止。大家都在听我们的谈话。这时有人来通告，说是准备好了请我们去参观练兵。

到练兵场之前，士官反复对我说："练兵是危险的，请尽量在远处观看。"

我像他们说的那样，和士官相隔站在东西两边看操练，看完后想再回到营总官房表示感谢，护卫兵拦住我们说："我们要先去请示一下是否可以去，请在这里等一下。"过了一会儿，护卫兵回来报告说："大人有事，非常忙，没有时间。不用道谢了，你们回去歇着吧。"他们是借口官事以避免和我交谈。离开这里去精锐营马队，先进营总官房，摸仁站起来致礼后请我们就座。我递上名片并说明来意。

摸仁说："我不懂汉字。"就把名片给了旁边的人叫他们念。摸仁是达斡尔族人，40多岁，身体肥大，不修边幅，又有磊落武将之风。相互寒暄了一阵，终于谈到兵备。我先问该城马队组成有几年了，站在旁边的一个士官抢着回答说："精锐马队已有200年历史了。"又说："以前伊犁反乱，这里的马队经过长期的战斗，剿灭了他们。"

我问："夏季军马放牧几个月？在哪里放？"

他们回答说："6、7、8三个月在营房前后左右的野地上放牧。"

我问："营房里有几百名兵员？"

他们答道："现在营房里有200多人，都是步兵，其他的都在放牧、看守军马。"

我们告辞了，去了洋枪队。护卫兵先到营总官房报告我们一行来了。摸仁亲自出门迎接我们，和我们行握手礼，带我们进屋，请我们就座。这个队还比较有纪律，士兵也不像前两营那样杂乱喧闹。摸仁到过天津、上海等地，也去过俄国布拉戈维申斯克旅行，惯于交际，很圆滑，彬彬有礼。他也是洋枪队队长，亲自给我们点烟、倒茶。

我先问他："满洲八旗制度是外国没有的制度，所以外国的武官都需要了解它。我这次有幸经过满洲，想了解一些详细情况。但是没有可以问的人，又不知道该向谁讲，真是遗憾万分。托大人的福，看到了其编制的一点小情况；不过如果能让我们了解编制详情，那真是我们的大幸。"

他答道："1 个摸仁管理 2 个营总，1 个营总拥有 5 个扎兰、5 个防御、5 个骁骑、1 个笔帖式、1 个外郎。1 个扎兰有 50 个兵，将校都骑马，1 匹马 1 个月付给饲料费 3 两。官职职务不同的话，马的数量也不一样。洋枪队 3 年换 1 次，10 天装药发枪 1 次，1 个月举行 2 次实弹射击。"

我问他："现在贵队用的洋枪是什么枪？"

他马上命令士兵拿来小枪，拿来的是生了锈的来复枪。给我看时好像还没察觉有擦枪的必要，他说："士兵使用的都是这种洋枪。现在有 800 支。"

过了一会儿，摸仁带我们去了武器库。仓库 8 间，开了 4 扇门，每 2 间 1 扇。看见我们走过去，管钥匙的拒绝开门，摸仁悄悄地说："不怕！不怕！"让管钥匙的给我们开了门。仓库里有 6 门铜制的滑膛炮，全印着"同治庚寅 12 磅轻炮江南制造局"的字样。除此之外我们还看了那旁边的附属品，之后致谢告辞。

今天和他们交谈的事项，不但不可轻易相信，好像还有很多荒唐的东西，我都记录下来了。这些记录证明了我们这次所到之处，看到的这些情况都是虚假的，清国很狂妄自大，所以想侦查一下真实情况，是非常困难的。

看了这座城市的情况之后，就需要马上循小路赶往巴彦苏苏（巴彦的土称，下同）。我托从瑷珲和我们一起来的那个车夫帮我们预先雇车。他是伊斯兰教徒，到处都受到满洲人的排挤，但他还是非常坚定地遵奉自己的教旨。他为人正直，而且待人亲切，所以我觉得托付他是最合适的。我不取大道而循小路的原因不止一个。比如，呼兰一带属于新开发的地区，但农耕已经很发达。近年往俄国的沿海、黑龙两州出口的谷类都是这里产的。黑龙江的富源，并不在它的首府齐齐哈尔，而在松花江一带土壤肥沃的地区，想证实一下。能走小路的话，不仅能观察到新开发地区的现状，还可以观察黑龙江兵备的配置，同时也可以顺便了解一下满洲很有名的马贼的实力。像吉林官道那样已经有人做过调查的地方，我就不需要去了。所以这次我尽量找借口，把从这个城市到呼兰距离的远近问题和自己限定的旅行日程问题作为两个理由，坚持要走小路，决不妥协。我相信这是挫败满洲官吏那些狡猾手段的"第一策略"。将军衙门的官吏使用种种手段，想阻止我们达到目的，尽量给我们制造障碍。多数情况下，我都让他们知道：我是不会为他们所困的！最典型的是，他们警告说，到呼兰河的沿道是特别危险的，有土匪出没。他们城里大半的军队驻扎在沿道各地，也仅仅能保护地方的安宁。

那些地方的官吏以此为理由，像我们的护卫兵似的对待我们，顽固地坚持他们的目的，毫不为我所动。

20 日

下午4点，车夫来报告说："有车了，但是不出60吊钱的话，他们就不出车。"于是，我先答应付车钱。之后谈赶路的具体事项时，才拿出地图给他看，跟他约定说不走大道，要走小路。车夫一见这张图，就高声大叫，指指点点，说从某店到某店，有几十里，需要多少天才可以到达呼兰。这个时候，躺在我隔壁房间里的士官们听到我们的对话，就赶快把车夫叫了过去。我以为他过一会儿就会回来，谁知道士官们命令他不准帮我们找车，然后把他赶了出去，严禁他再回来。之后，那车夫偷偷回来仔细地告诉了我这件事。这时，我才知道这也是官衙的措施，终于认识到连雇车也不容易了。

我马上把士官叫来，质问他们："你们有什么理由每当我雇车的时候都要妨碍我？为什么把那个瑷珲来的车夫赶走了？今天我们雇得到车，明天就可以离开这里了。你们这样阻碍我，我要把这个事情告到你们衙门大人那里去，让大人换别的人来保护。你们说是为了我们的方便来保护我们的，却事事横加阻拦，这不是我们所要的。"

这个话已经算是骂人了，但是满洲官吏都恬不知耻，不这样刺激他们我无法达到我的目的，所以我才说得这么难听。

士官回答说："谁是你们的车夫，我们不知道啊，而且我们也没有做出任何妨碍你们雇车的事情啊。我把那个人赶出去，是因为怕你们丢东西，并没有其他的坏心眼。我心眼是好是坏，从我把军备状况（就是他把该城的军备状况告诉我的）都讲给你听，你就可以知道啊。你们如果想雇车，我来给你们雇。"

我说："车夫是有很多，但是大家都只愿意走大道，不想走小路。你们现在赶走的车夫是帮我找小路的。你雇走大道的车夫来，这算什么？用不着你帮忙，我们自己雇车很容易。我们就是要找能走小路的车夫。你去，去把你赶走的车夫给我找回来！"士官说："我不知道他住在哪儿啊。"这时，另一个士官从旁边过来对我说："我可以去把他叫来，请把他的地址告诉我，我们不知道他住在哪里，怎么能把他找来呢？"

虽然口口声声说是要帮我们，但是所做之事完全是妨碍我们达到目的，并且是"孜孜不倦"地妨碍我们。最后，他们还挑了一名护卫兵，叫他在门口站岗，见到有车夫来，就立即赶走；或者要车夫承诺一定走大道，才允许他进来。他们竟然出此下策来控制我们的行程，我于是也摆出"不达目的决不罢休"的架势，表示说，不管到什么时候，我都要等雇到走小路的马车才肯离开这里。这样，我一直在等待时机，暗地里也尝试自己去雇车。

可是，最后也没能雇到其他车夫。我和店主商量了这件事，说我必须要达到目的。店主是山西人，在城里还开了分店，主业是经商，兼开客店，所以他不像满洲人那样害怕官吏。这件事令我想到以后要去的各城也一定会再碰到类似的妨碍我们的事情，浪费我们的时间。因此，我决定将所经过的这些地方的情况，以及出现的这样的事情以公开电报的形式向参谋本部汇报。

22 日

我派外语留学生某到衙门请求我带信给我国驻北京公使，再经由驻北京公使交呈参谋本部长。

学生某回来报告说，兵司正堂海昌答应了我们的要求，说送到北京大约需要10天，并问我们什么时候离开该城。我回答说只要能雇到走小路的车，马上就出发。他说走小路马贼多，如果非要走小路，他们不派护卫兵。

但是我知道满洲官吏经常虚言恐吓，所以觉得没有必要在意他的话，我只关心能不能顺利雇到车。

23 日

终于雇到了车。我们决定第二天，即24日就出发。

这时护卫兵过来说："你们应该自己到衙门去报告出发日程，你们不去的话，我就去汇报。"于是我就拜托他去了。

24 日

整理完行李，马上就要出发了。

昨天那护卫兵却来通知说："不许走小路，要走官道。"

但是他说得很含糊，所以不足为信。我拿出记事本，要他写下来。他拿过笔，写下"大人说草道不走站道走到伯都讷的道走胡兰城（呼兰城）有到二百里路"。意思是说，大人命令，不准走小路，要走大道；到伯都讷再去呼兰城的话只不过二百里路而已。我把这个作为证据，叫他把写下来的这些话，马上拿到兵司去。

他说："九点半有个白顶子白发的人（问了官职、姓名，但是他不说）要来。"聊了几分钟他又说："你们走小路的话，连你们的人带我们的护卫兵，都会被马贼杀掉，不如走官道。"

我觉得有些可疑，便问他："你是不是来传达官命的？"

他回答道："是的，是来传达大人的命令的。"

我再问："你是几点钟接到命令的？你又是几点钟来给我传达命令的？"

他回答说："没有时辰表，所以不知道时间。这些事情，不是我所管的。这等事你应该马上到衙门去处理。"

但是，昨天他自己来说我们不去衙门报告走小路的行程的话，他去报告，今天却要我自己去衙门报告要走小路的事，而且雇车的事情他都知道，问了价格说不贵的也是他。他说的话前后矛盾，这恐怕不是出于官命。另外，昨天晚上有几个人从巴彦苏苏走小路来到增盛店投宿，我问了他们，他们都说在小路上平安无事。所以我更加不相信官方会讲出这种话来。这大概是他个人编的吧。护卫外国官吏的清国士兵，胆敢如此撒谎妨碍我们的行程，实在是非常没礼貌。

我马上把他叫来质问："将军衙门真的发出这种官命了吗？请你拿出凭据。我们要尽快出发，将军衙门派来的士兵妨碍我们雇车，所以我们已经空等好几天了。到现在，如果将军衙门还禁止我们走小路，我们就不再往前走了，只能掉转车头回黑龙江去，再取道俄国回国待命。"

上午 10 点 30 分，我带着那护卫兵写的大人命令的笔记来到兵司，那里只有两三个衙役和值班的士官。我们的护卫兵和值班的衙役们不停地劝我们不要去将军衙门，他们自己也不肯去。尽管如此，我还是立刻驱车来到将军衙门。但是没想到那里竟然只是挂了个名头，其实只是一间满地鸽子粪、尘芥堆积的空屋而已，两边的柱子上贴着大红纸，上面写着关禁 18 条的诏额和"某年某月某日封印大吉、开印大吉"。看到这意外的情景，我便驱车赶往将军府。跟上来的护卫兵和衙役见到我这样的举动，并不慌张，只是劝我先回兵司，等大人来。

我问护卫兵："将军几点钟上衙门？我就在这里等他。"

他回答说："将军今天不上衙门。将军一个月只上 6 次衙门。"

但我马上就知道，这只不过又是谎言而已。且不论衙门这么脏，这里连一张榻子都没有，只有一张案桌。由此可以推断，这里只不过是年初年末举行开、封官印仪式的地方而已。在这种情况下，我就是一直站在这里，也不可能达到目的。而且我也应该谨慎些，避免做出过于激烈的举动。想到这，我就应了护卫兵的请求，跟着他们去了兵司，在那里等。等了大约 30 分钟，还没人报告说大人来，而且连个能说话的士官都没有。我觉得必须要去将军府了，于是离开了兵司。

半路上，护卫兵及衙役们堵住我们的去路，请求我们再等一会儿，说已经派人去请了两三次，过一会儿大人应该就到了，请我们先回兵司。我们越接近将军府，他们就越围聚过来；而且不光是士官，连闲人也都围上来，一时之间变成人山人海，场面十分混乱。这时，有个人跑上来报告，说大人已经抵达兵司。我虽然非常生气，但是并不想生事，于是强忍着怒火，再次回到兵司。这时已经有两个戴顶子官帽的官吏在兵司里，却没有见到大人在兵司。

他们竟然欺骗我，行此苟且之事，真是可恶。

他们对我们说："就算你们去将军府上，我们将军也不会见你们的。请先说清楚有什么事情。"

然而我所要做的事情，并不是他们能处理得了的。我也就没有回答他们，只是坚持快点把大人叫来。

跟我解释的那两个护卫兵知道我所需要的，就是要走小路这件事，他俩不断安慰我说："走小路应该是不成问题的，请再等大人一会儿吧。"

这时候，时间已经过去 45 分钟了。我拿出怀表给他们看，责怪他们的怠慢，威胁说我要再去将军府上。他们吃惊地说："走小路是自由的。只不过护送兵的事情，是在兵司正堂的职权之内，给你们派兵这件事办不到。"我趁机拿出我的记事本，对他们说："把你们现在所说的话写下来，我可以不要护送兵！"如果想迅速达到和满洲官吏谈判的目的，就要懂得抓住时机，把要谈判的内容记在记事本上，不然的话会被他们牵着鼻子走，变来变去，免不了乱上加乱。这也是对付他们的一种重要手段。但是他们坚决拒绝把自己的话写在记事本上。于是我又责问他们："既然你们是黑龙江将军衙门官吏，所说的话却不能记下来，这到底又是为什么呢？"我正想，可能他们又会说出些什么。但是他们似乎嘴巴被堵住了，显得有些发怒，马上说："我们不是官吏！"

那么，我不和不是官吏的人交谈，我要马上去见将军，我只要达到目的。于是我立即起身，走出兵司，再次准备前往将军府。这时，阻挡我去路的人几乎达到了刚才的 5 倍之多。我觉得与其采取平和的手段，被这些下层官吏拖累妨碍、白费时间，还不如用我的力量扫除这些障碍。再一次去将军府，如果将军还是不见我，我就只得拿出记下的笔记。士兵们前后左右把我重重围住，抓着我的胳膊，扯下我的外套。尽管这样，我还是突出了重围。在我正要冲进将军府的大门时，将军府的卫士、白顶子的士官和其他几个人突然抓住我的胳膊不让我进去。我因为他们对外国官吏的不正当的举动而非常愤怒，从地上捡起瓦片朝他们打了过去。这样士兵们一下子都躲开跑进房间里，没有人再敢接近我了。我就毫无阻碍地进了大门，没想到中门早已被锁上无法进入。一个士兵从旁走来轻声地问我什么事，我拿出名片让他交给将军。但是他没有接就离去了。此时正好从中门左侧走出一官吏，问我有什么事。我又拿出名片让他看，说要见将军，他随之把我们带到挂着"将军府"匾额的房间，请我坐下，给我倒了一杯茶并问我来意。我把刚才发生的事情向他大致说了一下，并问他为何不让我走小路，说想确认一下此事是不是将军的命令。

他答道："没有这样的事。小路也好，大路也罢，由您自己决定，这些都是士兵们出的偏差。"他又说道："请您先休息一下，我马上把您的来意告诉将军。您是否只要能走小路，不见将军也可以？"

我说："是的，我自进城后，贵衙门的官吏对我的怠慢是我意料之外的。所以今天能够见到将军的话，我要将此情况向将军说明，并想提点意见。不过因为这些怠慢及障碍，浪费了我很多时间，我不得不尽快出发，所以能走小路的话，我打算马上出发。"他听了这话之后就出去了。

这衙门，也就是在将军衙门做事的，有士官、笔帖式等四五名，负责日常公务。刚开始去将军府的时候，我就相信对我一定是有利的。我就在房间的四面墙上扫视，看看有没有我要的东西。有了！墙上贴有黑龙江的兵备配置表。我假装朗读贴在墙上的诗赋，用俄文迅速译出墙上的兵备表内容，让学生用俄文记在他的笔记本上。用这个方法我解开了黑龙江兵备配置上的疑团，实属侥幸。

片刻后，兵司正堂海昌狼狈不堪地来到将军府，气喘吁吁地对我说："你直接来将军府是不礼貌的！"此时他说话很快，又浑身战栗，他是接到报告后匆匆忙忙赶来的。我拿出怀表给他看，告诉他我几点去了兵司那里等待大人，等了多长时间，现在已经过了正午。我说："如此对待外国人是否合适？尤其是像我这种正在赶路的人。今天一早起来正要出发，你们衙门官吏糊里糊涂地回话，搞得我不知该往哪里去。这才到将军府来，这是迫不得已的。"同时我拿出记事本给他看。他一看就说："你可以走小路，请和我一起到兵司来。这件事在将军府解决不了。"我怕他会再次骗我，就告辞说："允许我走小路的话我就走了，在这里等见将军也只是为请将军批准我走小路。"

他说："将军应该会允许你走小路的，请你来一下。"

我得到这个承诺正将离去时，刚才那个官吏出来说："将军微恙，不能见面。命令兵司正堂派护卫兵护送，从小路走。"

我道谢之后便离去了。到了兵司那里，护卫我的骁骑校白顶子白发的士官和我的车夫都等在这里，正堂先把士官叫出来训了一顿，说："谁叫你们下这样的命令的？"

但是只得到含糊不清的回答，他也没追究。他又把车夫叫来责问道："今天的怪事都是因为你而发生的。你难道不知道经常有匪贼的警报吗？如果在小路上遇到什么意外，你怎么办？事到如今，不得不多派兵护送。有一老爷（指护卫防御）可以送他们（指我们）到呼兰河，你要让他坐在你的车上。"

但车夫一直说车小，希望老爷坐其他的车。我在旁边听着实在忍不住，就主动站出来对正堂说："我有一匹马，可以给护送我们的士官用。"

我以为正堂听到此言后会有所惭愧，但是他似乎一点也没有，马上对士官说："他们说有马可以借给你，你就骑这马去吧。"这个士官要送我们从这座城市到呼兰，接受命令而去的人应该有一些补贴并提供车马。现在看到对方这个样子，我实在很惊讶。片刻后从将军府送来公文，是有关护卫兵的事项的。

于是正堂对我说："从小路走虽然派了10名护卫兵，但是现在是匪贼猖狂之期，千万要小心。"我对他为我们所做的安排表示非常感谢，并请他宽恕我因日本政府的公事，给作为清国官吏的他所添的麻烦。

正堂合着双手一上一下地对我作揖说道："好好地走罢！"

到了这个时候，虽然之前双方有过争论，但是离别之时他脸上还是有几分难过。由此可以看出满洲淳朴的民风。

这天下午3点25分我们从这座城市出发去往巴彦苏苏。出发的时候，护卫防御请求与我们同车而行。人们都说我们从这里走是要画地形图的，到处都听见他们在议论这件事。我觉得有必要避开这个嫌疑，就不停地把我们各自的记事本拿出来给他们看，努力摆脱嫌疑。但是由这件事可以推想得出如果我坚持拒绝和他们坐同一辆车，就会更加招致他们的怀疑。那倒不如应他们的要求和他们坐同一辆车，这样反而可以消除他们的疑虑。

这一带的道路非常荒芜，属于平原，人家极少又稀散。由于一路都是同一个方向，他们和我们坐同一辆车不但没有妨碍我们做想做的事情，反而给我们提供了侦察情报的方便。

9 月 1 日

我们终于快到呼兰河了。首先派了两名护卫兵去找住处。这是因为我不想再重蹈齐齐哈尔的覆辙，要求护卫兵去订比较好的客房。我们到呼兰河时已经接近黄昏时分，很难看清周围的景色。我们随着护卫兵到了南门边上的世成店住下。这家店外观十分壮观，进了院子却看到一群牛马，而且房屋里面也脏乱不堪。这里本来不是旅馆，并不是给旅行者投宿之地，只是给那些苍头、马丁提供一宿之便的地方。于是我又开始发牢骚说房间太脏，坚持不进去。但是由于护卫兵不停地哀求，我便先进去看了一下。

为我们准备的炕前放着一张饭桌，有几个蓬头垢面的车夫正聚在一起吃晚饭。他们吵吵闹闹地来到我们炕前。

有的说："不像老羌，好像和咱们是一样的。"

有的问："从哪里来？多大年纪了？"

甚至有人弄破窗纸而闯进来看。这种骚扰简直不可名状。

我和士官说要转住其他地方，又问士官将住何处。

士官答道："没有别的住处，我也在这旁边过夜。明天向副都统衙门请求一定转住别的清洁的地方，今晚将就一下吧。"

时间已晚，我们也都很累，我就答应了他，并请他防止他人闯入我们的房间。但是我的请求完全无效。当晚，士官对我说明天一起去副都统衙门，之后就没有再来了。

2 日

我如士官所讲的那样准备去衙门，但是不知道他在哪里。向护卫兵询问，说是士官在店主的空房里，我就去那里找他。进去一看，那房间非常宽阔，并不像我们的客房那样窄小、杂乱、肮脏。这就足以看出他是如何对待我们了。

他看到我进来，并无丝毫羞愧之色。我催说要去衙门，他说还早。于是我说我们上街看看，便带了两名护卫兵上街观察情况。11 点左右，我们到了副都统衙门，快到门前的时候，有一人来挡住我们的去路，叫我们在门外等待。但我们认为我们没有理由在门外等，所以就硬闯进门内。过了好几分钟都没有官吏来接待我们。

我正准备离开衙门时，终于有一个官吏出来请求说："请等待大人到来。"

我说："可以，但是应该将我们带入衙门内，我们没有理由在门外等候。"

他说："大人还没来的时候不知道该怎么办。"所以就让我们进了第二道门，在门外等着。这时已经有很多闲人拥进门内，肆无忌惮地把我们重重围起，官吏们也不阻止他们。我们虽然讨厌这样的事情，但是也只能忍耐，等待大人的到来。这样空等了 40 分钟，还没有人来报告大人来的消息，我便愤怒地离开了。

到街头转了转，再转回副都统府，我们刚进去，从便门一侧跑出一个小童，赶紧要把门锁起来，我推开他才走进正门，这里有两个人堵住我，很快地把门闩了起来。于是我拿出名片告诉他们我要见大人。

正在这时，住在店主空房的那个士官奔来说："这样不合我们大清国的法律，请等一等。"我说："让外国人在门外站着空等 40 分钟，难道是大清国的礼节吗？昨天说一起上衙门的，事到如今到底是怎么回事，我实在是很难理解。"

我不能再站在门外空等了，就马上走出大街，大概走了一町，那个士官追上来拉着我的衣角说："大人请你们来见面。"

他想以此来缓和我气愤的心情。但是我想见副都统并没有什么特别紧急的事，而且受到如此怠慢，我便断然拒绝了。我出示护照之后才让我们进入侧门，而且那个小童跑来准备锁门，诸如此类的举动便可得知他们不管地位高低、年龄老幼，都是非常讨厌外国人的。这个小童应该不是受了别人的命令才出此举动，而是平时听见父辈兄长的议论，受其影响而做出这样的行为，所以也没必要去责怪这个小童。

　　这天我画了这里的地形图之后便准备去呼兰口子，探知那里的地形情况。想雇匹马，但是没有人雇给我。

　　下午2点副都统衙门派来一个士官送来公文。

　　公文的内容是："你们前往巴彦苏苏的话，我们派30名官兵护送，以防路上意外。明日几点出发，请赐回字。"

　　我写了回信答道："我们还没决定哪天出发，连要在这里住几天都还没决定，我以前听说过呼兰口子风景秀丽，今日有幸来到此地，想去看看，算是了却一个夙愿。但离这里有20多里，走路的话要花半天，所以今天想借几匹马，但又没人肯借给我们，迫切希望副都统衙门给予特别待遇，借3匹官马给我们，以让我们达成夙愿。"

　　我又写道："昨天晚上从齐齐哈尔到这里时，护送我们的防御巴氏带路，住在世成店。这里人马杂乱，室内肮脏，闲人乱入，也没有人管。又不能卸车，所以请巴氏给我们另找地方。巴氏说明天请求副都统衙门安排别的住宿，所以请我们在那里住一夜，我便答应了。可是到了今天，已是下午2点了，巴氏还在店主的房间里，没有做他所承诺之事。因此我们行动非常不便，请副都统衙门迅速派人下令另找一处客店，解决我们的不便，我将永远记住您的款待。以上两事，请迅速答复。"

　　我把信交给那士官，并再三说明信中所述之事，约好我在这里等其回信。等了一个半小时，没有回信，我们便上街观察通向北团林子和巴彦苏苏等地的街道，直到天黑才回来。

　　世袭云骑尉阿克敦布来告知："刚才等了你们一会儿，由于你们不在所以就回去了。您信中所写的事大人都知道了，但是现在有马贼警报，兵力都发向各个地方。所有的官马都在野外放牧，一匹也没有。所以无法满足您的要求。我是本地人，但也无法住到好店，只能住在您的隔壁。您想住别的地方，大人是非常想满足您的需求的，但是很不幸没有干净的房间。你们希望明天几点出发，士官将奉大人之命护送你们。沿道很危险，要尽快走。等一段时间，土匪就会越来越多。"这又是为了赶走我们所出的拙策。实际上他们对我们的怠慢是不想让我们长留在这里，跟他们理论也没有用处，并且这样的事情不足为怪。

　　我说："明天哪怕是步行，我也要去一趟呼兰口子看看名胜之后再启程。"

　　他说："呼兰口子是呼兰河和松花江合流的地方，没什么看头，只有两三间东倒西歪的矮房子和渡船而已。但是你们一定要去的话，去之前必须告诉我。"

我答应了他。他又说："要上街玩的话，也要告诉我。这里的人心地不好，如果发生争吵之事，很不体面。"我也答应了他。聊了片刻之后他便回去了。

3 日

清晨想雇马去呼兰口子，把这件事告诉了云骑尉阿氏。

他匆忙出来说："那边匪贼多，要带很多护卫兵去，否则恐怕会出事。今天送你们去站道的时候，马车就寄存在这里比较安全。"虽然我知道他在说谎，但今天已经准备从这里出发了，所以也就没和他计较。马上上了街，骑着马准备去那些还没去过的地方。

这时 3 个骑士追上来说："人心不好，我们来保护你们。"

其实他们是来妨碍我们行动的。

我左折右转观察了当地的地形之后，就回到住处，马上整理行装，上午 10 点就出了这家店。护卫兵簇拥着我们的车马来到副都统衙门前停下，因为护卫士官要去衙门报告我们的出发情况。过了一会儿，我们就出发踏上了去呼兰口子的路。

呼兰河畔有一大水坑在路的右边，形成了一个弯。士官和车夫悄悄地商量，在这里停了车，很认真地指着这个水坑，说道："这就是呼兰口子，来这里有什么好看的呢?"

这里离城里不过才四五里路，我想这一定又是他们欺骗我们的策略。

我对他们说："你们别想欺骗我!"

正好这时有一辆车经过，我赶紧下车问他们到呼兰口子的距离，他们说还有二十几里路。我去责问他们，他们才赶紧赶着车马来到了呼兰口子。这种举动实在出乎我的意料。一路上这样对待我们的满洲官吏很多。

4 日

到达巴彦苏苏，住在天发店，这里的肮脏杂乱不下于呼兰的店。我们的护卫兵和车夫与我们睡在同一个炕上，士官住在店主的空房里，还是像在呼兰时那样。于是当我责问他们这个不当的行为时，他们以别的旅店客满没有空房为借口。我虽然想自己去找店，但是知道没有官府的命令，店主是没法租给我们的，也就不得不放弃了这个念头。

这天，协领衙门派出骁骑校曾天福及 4 名士兵来保护我们，但也不过是一个幌子而已。这些士兵不仅没有权力禁止闲人的闯入，还企图妨碍我们的事情。

5 日

上午 11 点，应曾氏所邀，访问协领满禄。我们一到，曾氏就先进去报告，让我们在房子边上的兵房里等着。我今天访问满禄的事情昨天就已经通知他了，他应该事先知道。但是他竟然把我们引到别的房间而没有直接见我们，这是满洲官吏的一贯做法，只不过是为了显示他们自己的威风而已。这实在让人惊讶不已。

曾氏来说："请!"

我们一到，协领就亲自到门口迎接我们，与我们互换名片，请我们坐下，给我们泡茶。

协领 40 来岁，又瘦又高，穿着绸缎的衣服，脚踏军靴。他接待我们的态度是我意料之外的，比如说他非常郑重其事地以礼相待。昨晚曾氏和我们说送我们到白杨木的护卫兵有 40 名，这段路上的匪贼最猖狂。我觉得出动如此重兵反而不便，就先要求协领减少兵数。

我说："这个时候天气热，又是官兵们最忙的时候，不应该劳烦太多的士兵。派两三个士兵护送我们足矣，我们各自都有武器，不怕路上碰到匪贼。请您理解我的心情。"

协领说："护卫兵的事，首先是上司的命令，我无法决定。但是答应您的要求也是我分内的事，那就派 15 名护卫兵护送你们，以保证路上安全。"

我还是觉得兵数太多，要他减一些，但是他不肯再减了。我也不好再强求，只得答应。

我又问他："请问，从这里到三姓有两条路，哪一条是给殖民者新划的界线?"

他回答说："两条都属于荒凉之地，没有什么东西，但是现在正在进行拓地殖民的事业，想要前往三姓的话，最好的途径是经站道。"

我也想走这条道，所以谢了他的厚意，待了片刻便告辞了。

然后我们去法国传教士的家里访问，但是他不在家。看家的先把我们接到客厅让我们坐下，然后说："神父（就是传教士）昨天去了离这里 50 里左右的地方，昨天晚上听说你们要来，今天已送信去请他一定要在今天之内回来。"

我以为是看家的提前知道我们要来而事先做了这个安排。小童端来咖啡给我们几个人喝，招待得非常周到。这里有天主教堂，天主教堂的两边分别设了男女学校，环境非常幽静。我把和传教士的见面作为这次旅行的一种乐趣，大概没有其他人比传教士更了解地方上的情况了，而且传教士又是乐于与人交谈的，我知道与传教士见面对我们来讲是非常有利的。为了避开那些官吏的怀疑，我不敢问有关当地的事情，临走之前把来意写成信留给传教士。

6 日

传教士派使节送名片来致谢并传达说："今天礼拜天，无法见面。"

我知道布拉戈维申斯克那些礼拜者的礼拜大概是 12 点钟结束。所以这天下午 1 点钟我又去拜访了他。两三个少年赶在我前面飞快地跑进传教士的门里。我们走到门口正要进去的时候，那个看家的出来说："神父在念经，不能见面。"我问："要念到什么时候？"他答道："要念到夜里。"我开始有些怀疑，他肯定是不想见我们，所以安排了那些少年来观察我们的行动。

7 日

从当地出发，走了 30 里之后到达石头河，休息、喝茶。这里也有法国人的天主教堂。喝茶时，来了一个清国人和我们交谈，他说："这里有法国的天主教堂，你们想去的话，我带你们去。"

我因为想解开心中的疑团，就按他的话马上去拜访了传教士。敲门之后，一个家丁出来开了门。

我们先进去再问："神父呢？"

他答道："去巴彦苏苏了。"

我觉得非常奇怪，就跟在那个清国人的后面进了传教士的房间。

清国人说："神父去巴彦苏苏是假的，因为马车在这里，他怎么可能走着去呢？"

这可能又是在躲避我们。这个时候在旁边听到这句话的一个信徒刚好是今天早上从巴彦苏苏来的。

他说："神父今天早上去打围猎。"

于是我的疑团突然就解开了。也就是说以前清国和法国交锋过，现在又为日本和朝鲜之间的事情与清国正在交涉，由于这些事情，他们相约不跟我接触，为的就是避免当地人民的怀疑。因为他们的职责是传播宗教，如果引起当地人民怀疑，将对他们非常不利。这不是一件小事。而实际上，他们不得不这样来回避我，这个原因我完全没有想到。

12 日

搭船渡过松花江到达对岸。

无论我如何催促护卫兵们，他们都不肯把我的车从渡船上拉下来。我去命令船员们，船员们也根本不听，浪费了 30 分钟。

这是因为不等到副都统衙门的命令，就不可以卸船。

过了一会儿，一个衙役来通知我们："我奉副都统的命令已经为您选好了客店，请跟我来。"看到衙役来，船员们才把我的车拉了下来。我马上驾着车随着衙役来到了三姓城外的世增店住下。这个店没有主人，门内荒凉，好像已经好久没有开店似的，而且好像说没有厨师。看到住在这里的人都是剃头的。这又是故意给我们找麻烦，使我们不能在这里久待的手段。

我们以自己不会做饭为借口而主张马上转到别的店里去住。

衙役说："别的店里有很多闲人来看，没办法把他们都赶走。这个店只要锁上大门，闲人就无法进入，所以特别为您选了这个店。我给你们雇个厨师。"

没有别的办法，只得听他的话住在这个店里了。

13 日

上午 9 点，衙役来催，说要上衙门去。

我说："我应该可以见副都统，请你速去询问。如果他不见我，我们就不上衙门。"

衙役说："我国有一定的规矩，首先要亲自上衙门出示护照，笔帖式把护照拿给固斯塔（指协领），固斯塔再把护照拿给副都统之后才能知道可不可以见面。所以请您先上衙门来。"

我知道可以用传书的上策，就把护照和信装在一起寄给衙门。

信里写道："小官所带的护照经衙门的衙役呈上，敬请检查，小官想向大人请安。您希望我几点去见您，请赐回字。"

下午2点，一个戴着白顶子官帽的官吏递来一张红色名片，上面写着"承办处笔帖式莫尔赓额"。他先把护照还给我，又拿出回信给我看。

信上写着："承办各国事务司员将贵官来字呈请大人，定期于明日12点钟，在府与贵官见面。光绪十一年八月初五日。"

14 日

上午11点，笔帖式莫氏来催促："请到大人府上来，大人已经在等您了。"

跟着他走到大人府院门时，他说："请在这里等一下。"

满洲官吏实在不懂得接待人，自己来接人却让客人在门下等。等了大约5分钟，仪门打开后，中庭的两侧站着大小武官共有40名，都穿着军装，威风凛凛地站得很整齐，副都统亲自站在正堂的门前迎接我们。我们一到就双手拱在胸前上下作揖行礼，随即请我们进入客室。

副都统姓恒，名元，年龄50多岁，头发花白，身材瘦小，看上去他天生具有清朝皇族的品格，但是紧张得发抖，几乎连话都讲不出来了。

坐定后，我陈述了表示尊敬、向大人请安的来意。

副都统表示感谢后，命令上茶，而且问我："从这里要到哪里去？"

我说："要到宁古塔。"

他说："去宁古塔首先要到吉林，这是官道，车马来往自由。"

我说："我要从这里直接去宁古塔，不然的话与我们所定的日程将会产生很大的差距。"

他说："从这里到宁古塔的路都是险崖深谷，不能通车，而且随时都有土匪出没，非常危险。"

我说："不能通车的话我就只能骑马去。"

他说："骑马的话还可以，但是沿途人烟稀少，要找地方住的话又非常困难，不如从官道到吉林再去。"

我说："因为路程相差太多，所以无论路途有多艰难，我们要走小路的决定都无法改变。"他点点头说："那出发的前一天请预先告诉我。"

我就答应了。

　　如果不实地视察三姓与宁古塔之间的军道，就无法详细地了解边疆的兵备和殖民状况，所以我决心一定要达到此行的目的。

　　家丁们端来了茶。

　　副都统说："天气很热，要不要吃西瓜？"

　　我们谢了他的厚意。

　　我先打开话题，问副都统："满洲的兵制自古以来就很有名，所以身为武官的人都想知道满洲兵制的大概情况。这次有幸经过满洲，所到之处，如瑷珲和齐齐哈尔等地，他们都允许我参观他们的营房和练兵，如果大人阁下允许我今天参观营房和练兵，我将是万分荣幸的。我没有比这更大的要求了，恳切请求阁下答应我的要求。"

　　副都统说："营房在离这个城市 30 里的下游江岸上，这个城市的八旗兵并没有特别的营房。今天练兵已经结束了，多数都已经解散回到各自的住处了，剩下的兵集合起来操练也没有什么看头。"

　　我说："只是现有的兵的操练就可以了。大人如果命令他们允许让我看，我将深感荣幸。"此时在旁边的士官们都说："不行不行，一半兵都回家了。"

　　副都统回头看看他们，低声地制止："把剩下的所有的兵召集起来操练给他们看看。"

　　之后他又对我们高声讲："今天操练已经结束，并且一大半兵都已经回家了，但我们会召集剩下的所有的兵来操练，我们的官兵没有你们国家的官兵操练得好。"接着他又坐下说："你看了那笨拙的操练之后请不要见笑。"

　　我道了谢。

　　副都统命令家丁拿两幅扇面来，说："我不大会写字，但是我很喜欢。这个扇子是我写的，现在把它们送给你们。"

　　我说："大人所赐的两把扇子，我们将永远保存作为纪念。真是非常感谢。"

　　过了一会儿，一个士官来说准备好了，我们就告别了副都统。他亲自送我们到门口，说希望能够再见。

　　武官列队，和刚才一样整齐。从这里我们就去了练兵场，进了见亭子，这里的武官都很混乱。我把名片给了坐在桌子正面的两个人，并请他们把官职、姓名写在我的记事本上。他们左看右看，命令一个士官来写。因为满洲出生的武官认得汉字的很少，那个士官就伏在桌子上郑重地写了。

　　我看了看，一个是"头品顶戴记名副都统花翎协领，斐凌阿巴图鲁依"，40

多岁；另一个是"副都统衔花翎协领委统领承"，35 岁左右。

他们问我："要看练兵还是看阵势？"

我说："我要看阵势。"

他们说："演阵的话是不能空演的，没有大人的允许拿不出枪来，无法成阵。"

我说："既然如此，那就看操练也可以。"

最后我看了操练之后回来。

我很早就听说吴大澂[①]在三姓、宁古塔之间修理军道之事，想看看道路的实况。大家都说不通车，不止店主一个人这么说，副都统也这样说。我在此察觉到副都统也在阻碍我们的行动，这反而令我更想去了。但是到了这里，事情变得越来越困难，尤其是雇车。这是因为大家都在说路难走又不通车，所以没人敢答应。到此我已经几乎不知道该怎么办了。我宁愿自己骑马去，所以约好了去雇马。但是这个马主违约没来，毫无疑问这又是因为被衙门阻止了。

以前这里峻山耸立、峰峰相连，开辟了新道之后还没有人走过这条路，所以那些车夫们没有人愿意去——这也是没办法的事情。我担心从这里再往前走的话会更难雇车。为了预防万一，我命令从巴彦苏苏送我们来的那个车夫去想办法。

今天下午 3 点他来说："已经有路了，说车马不通到底是怎么回事？但是宁古塔在山间，并不是四通八达的地方。所以不能在那个地方解雇。"他请我答应一定要把他雇到吉林。

我说："你对这里的土地并不熟悉，沿道的路名都不知道。"

他答道："我会问当地的人，并不会搞错地名的，这件事是很容易的。"

于是我们约定好了。

我马上叫衙役奔向副都统衙门报告我们明天要从这里出发直接去宁古塔。

傍晚，笔帖式某人来说："护照上没有写要到宁古塔，只写了到三姓、吉林等处而已。从这里到吉林的官道虽然可以出护卫兵，但不走这条路的话，保护贵官的事不在本副都统权限之内。"

我说："从黑龙江到齐齐哈尔，再到呼兰一带，走的都是小路，还可以派兵

---

① 吴大澂（1835—1902），清朝官吏、学者。今苏州人，同治进士，曾随吉林将军铭安办理边防。1881 年授太仆寺卿，会办北洋军务。1884 年授左副都御史。1885 年赴吉林会同副都统依克唐阿和俄使勘界，据理争回被侵占的珲春黑顶子地区。中日甲午战争时自请率湘军与日军交战，因兵败被革职。精于金石与古文字学。

护送。虽然护照上没有宁古塔的名字，所谓的等处之意已包括在内。吴大澂从三姓到宁古塔开了一条官道是世人皆知的。副都统说这条道不是官道，这句话是不是诬言，让我们去问问世人吧。如果它不是官道，那么你就可以不出护卫兵，我也不会勉强请求你。你把不出护卫兵的理由写出来再署上副都统的姓名给我，我把它送到日本国驻北京全权公使那里去。如果沿道碰到匪贼，我们全部遭到杀害，以后这封信就可以作为我们死在三姓和宁古塔之间的佐证了。"他说："贵官所说的我会告诉副都统。"

我说："我们明天一早就要出发了，请今晚给我回话。"

他说："今晚不可能，明天一早我可以给您答复。"

我允许他明早再答复后就让他回去了。

15 日

早上等着他来答话，但是他没来，所以我就派学生到衙门去催促回话。

过了 11 点学生回来报告："昨晚那人到现在都还没有去衙门，所以我跟着衙役去他家里找他。路上正好碰到他便问他情况如何，他说副都统传话，'两国友好，路上发生意外的话是我们不希望的。所以特别派 10 名官兵护送你们，路上千万要小心，希望不要遇到任何灾难'。"

满洲的官吏真是到处都找一些理由来妨碍我们达到目的。我真是很难理解他们的心理。这条路没有护卫兵的话，我们是很难达到目的的。因为那里真是人烟稀少的山间溪谷，只有一两户人家散在的地方，所以不熟悉地形的人是找不到地方住的。当时我虽然相信三姓和宁古塔之间有新开的道，但到底是不是车道还是个疑问。如果副都统说到做到，那我们可以说是比较幸运的。

今天下午 1 点 40 分，我们从当地出发，途中 10 名护卫骑兵追赶上来。

23 日

刚从头站出发，掖河营弁统领派出的两个士官就来路上迎接我们了，在桦树林子和三姓的护卫兵交接。士官说是为交接而来的，但三姓的士官对我们没说交接的事。问了他们的人数，说掖河营弁来了 5 个，宁古塔副都统衙门来了 2 个士官和 10 个士兵。可是途中来迎接我们的两个士官连一个兵也没带来。我对他们的行动感到很惊讶。三姓的护卫兵很尽职，安排住处等，万事周到细心、无微不至；其他的兵完全与其相反，甚至有人不停地问我们："你们为什么要来这里？"

24 日

经过掖河营弁，掖河分上、中、下三部分。我们刚过下掖河，从营弁来了一个会讲一点俄语的接待者。

他说："你们应该在这里吃午饭，我带你们去上掖河的大饭店。"

他亲自去拉我们的马车。

因为从下掖河有去营弁的路，我就叫住那个接待者说："我们想去掖河营弁见统领，如果去上掖河再回来去营弁，会浪费时间。我们想就在这吃午饭，请你在这里找一个吃饭的地方。"

接待者说："前面两里的地方就是上掖河，那里有大店，已经为你们准备好了。而且这里没有开店，请到上掖河去吧。你们吃午饭时，我可以去统领那里汇报你们所希望的事情。如果他同意，我们再回来，这不是很容易的事情吗？"

于是我答应了他去上掖河。

到了上掖河的王家店里，营弁已经派出六七名察街兵阻止闲人来看我们，保护车上的东西。这些兵都没有穿军装，手里拿着木制朱漆的细长板杖。

我首先给统领写了信，并附上我的名片，信中大概是这样讲的："以前听说贵营弁的规模盛大，今日有幸经过此地，承统领您的好意，能参观到演习及营弁等的话，小官真是荣幸至极。各国军人都称赞满洲的兵备之精锐，我们所经过的各城都允许我们仔细地参观了演武及兵营等地。这是通商各国的通例。驻扎在我国的贵国官人经常到我们的演武场来看练兵，我们有各种典礼的时候都会请他们来。这样才不会隔靴搔痒。小官正在赶路，不能久留，如果我们的请求有幸得到您的批准，请迅速赐个回字。"

等了大约两个小时，一个士官拿了回字给我，上写："知悉。小官只负责统帅靖边军，并没有和外国人交涉的权力。您所想看的营弁和练兵等，这样的事没有宁古塔副都统的命令是不行的，所以我无法答应您。谨回报。"附有恩祥双某的红色名片。

我问该士官："你们统领有没有说谎？"

他说："没有副都统的命令，统领无论如何都办不到。"

　　过了一会儿来了一个士官说："宁古塔副都统派我来迎接贵官们。士兵们在前面 10 里之处等候，在给马喂饲料。今天上街（宁古塔街）的话我就从这里开始陪你们。"

　　我答应了他后就让他先走了。

　　我收到统领的回信，得知没有副都统的命令是不行的，便马上从当地出发了。我们一行人经过桦树林子时，一个士官带着 4 个士兵迎上来保护我们的车，告诉宁古塔的兵去南林，大家把我们围起来之后就出发了。

　　七八点时我们终于到达了宁古塔，住在为我们一行预备的福盛栈。

　　此栈的各室都有障壁，以帘作门，比起之前所有城里的客店都要好得多。我们就住在这里。

　　刚卸下行李，护送我们的士官说："这里有两个人供你们使唤。"

　　我一看，这两个人也同样是士官。

　　我们还没吃晚饭，从副都统衙门又来了一个士官说："大人命令我来取护照，明天一定还给你们。"

　　我把护照给他后说："明天想去给大人请安，几点去比较好？"

　　他说："任何时候都可以，你们把见面的时间定下来，我回去转告大人。"

　　于是我指定 9 点。

　　他刚开始轻易地答应了一声，正要离去时，经别人提醒之后又回来。

　　对我说："9 点太早，大人才刚刚开府，希望 12 点。"

　　我说："12 点有别的事情，这个时候不能去，所以希望改在 11 点。"

　　就这样让他回去了。

　　晚餐后，他又来了，说要我们写下官位、姓名。

　　我问："你还没看护照吗？官位、姓名都详细地写在护照上，我没有必要重新写一次。"

　　他说："看不懂护照。"

　　我说："护照是贵总理各国事务衙门所发的，为什么会看不明白？"

　　我让他把护照拿出来给他解释，他这才点头表示理解。

　　他说："明天如果有公事，就见大人，没有公事的话就不必见了。你们赶路的人应该很累。"

　　我说："有公事。"

　　他得了这句话之后就走了。

要见副都统是为了以辞谢护卫兵为借口，来要求参观掖河营弁兵。我从进入吉林以来到现在还没见到过真正的营弁兵。这些士兵不仅在军器训练方面已经完全摆脱了陈规旧套，而且在防守边疆的精兵中可称第一，所以我认为，只要看看这些士兵就能得知满洲军队的实际水平。我看见那位士官举止轻浮，暗自感到很奇怪，因为凡是经过的各城要求见副都统时，其程序都非常复杂，很难达成。

25 日

早晨还没起床，昨天晚上的士官就来了。

他问我们："你们这些官是几品官？"

学生某答道："我国的官不分品。"

他又问："跟我国的官相比是几品呢？"

学生某说："那我就不知道了。"

他得不到满意的回答，也就回去了。

他问我们的官级是因为在接待我们时，有官位上下之差别，学生某不告诉他是因为怕他们以此为借口而怠慢我们，他认为这是最好的对策。

那人又来问："你们行怎样的礼啊？是握手吗？"

我说："我国行的礼就是进了房间摘下帽子点一下头而已，握手只是俄国人的礼，不是我国的。"

他说："啊！摘帽子点头就是你们国家的行礼。我回去告诉大人，今天上大人府的时候我会前来带领。"然后又回去了。

一个戴蓝顶子领花翎官帽的士官来到我的房间，他40多岁，容貌仪表非常端正，脖子上挂着朝珠一样的珠饰，他穿着胸前画有一个圆形和一条龙的正装，脚踏军靴，右手拇指戴着一个扳指，拿出一张红纸名片，上面写着"吉立抗阿"。

他说："我也是住在这里的。听说昨晚贵官来到这里，想来贺您一路平安，但由于时辰已晚，所以等到今朝才来。"

我也拿出名片来感谢他的厚意，请他坐下，跟他讲了一会儿话。他非常礼貌地回答了我的问话，一点都没有躲躲闪闪。来到满洲之后，第一次看见像吉立抗阿这样恳切斯文的人，此人是正红旗的，官职是佐领。

这时衙门的士官来催说该到府上见大人了，于是我和吉氏约了再会之后便出发了。

上午9点半左右，我带着学生跟着这个士官来到大人府上的门前，仪门已经打开，副都统坐在正堂上，院子里面有大小武官20名，都着正装，左右整齐排开。进入仪门之后，右边又有20多个士官列队站立着。

副都统走出门来迎接我们，仓皇地说："请坐！请坐！"

副都统姓容名山，40多岁，身材高大魁梧，面貌丑陋，举止轻躁，飞言速语，他的装束和吉氏没有两样，只是朝珠和顶子是红色这一点与其略有不同。副都统先坐在正面的高凳子上，前面放着铺着红布的桌子，桌子上放着一本《中日修好条约》，好像是在法庭上审判犯人似的，而且踩着一张木制的板凳。左边放着3张铺着坐垫的椅子，椅子之间放着两张长脚的小桌子，副都统请我们坐在这椅子上。

我拿出名片，副都统双手接下。

我认为该讲公事了，但是不能从公事开始谈，因为满洲官吏经常左扯右拉，不谈正事，笔谈是最好的方法。

所以我就向副都统写道："从俄国进入贵国之后，经常劳烦你们很多士兵，感激不尽。所到的各城我都数次请辞护卫兵，但因为路上可能会碰到匪贼，所以勉强带上他们。我这么一个小武官，而且我们都有自己的护身武器，实在不应该劳烦贵国的官兵。从本城到吉林，本来就有官道，路上也有商人往来，我想这样的环境就不需要再派官兵送我们了。昨天路上看见贵城的营弁，按我所经过的各城的例子，我想请各位统领让我们看看演武和练兵。但是他们以没有跟外国人交涉的权力为理由拒绝了我的请求，而且说是因为没有副都统的命令。凡是通商条约国的武官进入对方国家的话，就能参观这个国家的兵制，这是惯例。因为这样互有所利。请阁下允许我去看看那些营弁和练兵。我国经常让驻我国的贵国官吏来我们的演武场看练兵，并没有让他们感到有何遗憾。这也只不过是履行交际国之间的惯例而已。我们因为是在赶路，没有带官服，请您原谅。"

副都统亲自拿笔在预备好的折纸帖上写道："阁下说的劳烦士兵护送一事，是我国遵约保护你们的，没有必要感谢，您太客气了。但您想看演武和练兵的事，并非我不想让你们看，统领诸军是属于将军督办侯爵所管的，不在我的管辖范围之内，请您千万不要怀疑。"

我写道："听说钦差吴大人不在本地的话，所有的官兵都属于副都统的统辖之内，况且昨天各位统领回答小官的信上都写明没有副都统的命令不行，所以不允许我看。现在阁下所讲的和各位统领的回信是相反的。如果我相信阁下所说的，那他们所说的就都是谎话了。您身为大官就更不能对条约交际国的人说谎话。事实上比如三姓副都统说，我们所经过的路不是官道；但从三姓到宁古塔的路就是官道，这是尽人皆知的事。请阁下谅解以上的解释。"

副都统看到我写的内容，就小声地埋怨："不相信我的话该怎么办才好呢？"

又拿起笔写道："阁下谈及和统领们的说法相反的这一节，没有这回事。"

他回答的时候毫无愧色。

我又拿起笔，刚准备写，他就说："你们怎么不信我的话呢？给你们看练兵营弁虽然是容易的事，可是兵权不在我手里。"

他握着拳头形容兵权不在他的手里，看上去真的很窘迫。

我知道虽然很难达到我的目的，但是我还是想做最大的努力，所以又写道："小官在俄国的时候，经常去看练兵和兵营，俄国和贵国同样是我的条约国，而且贵国和我国的交谊是最深厚的，我们赶路的人不可能再经过这座城市了，我恳切地希望阁下能给予特别的许可，以达到我们的夙愿。阁下所说的，没有将军的命令是不许看练兵和兵营的，但我国朝廷对待签署了通商条约的各国文武百官，都完全满足他们的愿望。这是通商国的交往礼仪，请您明白这一点。"

副都统看后非常窘迫，他拿起笔认真地写道："阁下所说的看练兵之事，要有将军督办的命令书，统领们才可以执行。本副都统真的不能操用这个兵权。"

我说："请阁下介绍有兵权的人。我等待您的命令。"

他说："我只统辖宁古塔的民兵，其他像营弁之类的兵真的在我管辖范围之外。我没有可以介绍的官。"

我说："我是外国的武官，到这里来，不借助阁下的权力就无法达成我的愿望。阁下写信给上司，请他们答应我的请求，不管等多少天，我都会一直在这里等下去。"

他说："我是办地方公事的人，不能干涉边防军。真的没有可以寄信的上司。"

他表现出非常窘迫的样子，而且说："你早就明白了，应该回去了。"

说完苦笑着要站起来。

虽然我知道已经很难达到目的了，但我还是继续写道："请阁下允许我看本城的练兵和兵营。这正是阁下所管的，我才敢请求您。"

他说："本城的兵本来是属于民兵的，每年的二月和八月才会聚集起来操练。您要是早来 5 天就能看到操练了。但是就算您看到，他们那笨样子也只会让您失笑而已。因为八月十五日是我们的节日，所以十三、十四日两天就已经全部解散让他们回家去了，现在要把他们召集起来，没有将军的命令是不行的。兵营又是肮脏不清洁的地方，看了也没有什么用处，请您相信我的话。"他说完露出非常敷衍了事的微笑。

我在要告辞的时候写道："贵国的制度各城都不一样，齐齐哈尔、三姓等地只要有副都统的允许，就可以看到练兵和兵营。况且因为给统领的文书中都写到没有阁下的命令不行，我才敢来请求您。我现在才知道，阁下并无权管所有的官兵，因此浪费了很多时间，给您添了很多麻烦，请您原谅。"

我写了就准备离开，我把副都统写过的纸张收在怀里，匆匆告别。

走出该府，武官像刚才那样整齐地列队站立着。

这时东辕门外已经聚集了百来人，把我们一行人重重围了起来，情况十分混乱。走到街上的时候，看热闹的人又翻了数倍。官兵们也不知道该怎么办。我们请他们带我们走近路以迅速地回到住处，因为已经是午时，他们便答应了我们。

回来后进入栈门时，看到那柱子上贴着一张红纸，上面写着"日本游历公馆处"。

下午1点，从副都统衙门来了两个士官，说："奉副都统之命，来抄写您刚才笔谈的内容。请让我看看。"

我说："出副都统府时，被贵国的人马前后左右重重围住，官兵也制止不了，那笔记丢了！请你回去把这件事告诉副都统。"

士官说："我们不用把它带回去，就在这里抄，抄完便还给您，请您给我们看看。"

我说："笔记已经丢了，我拿什么给你们看呢？"

他说："我不信。"

我说："你信不信不关我的事！"

他看达不到目的，就回去了。2个小时后，刚才陪我去副都统的士官前来。

他说："请让我看看你的笔记，让我抄下它是大人的命令。"

我说："你们来多少次也没用。已经丢掉的笔记，我怎么拿给你们抄呢？你应该把这件事传达给你们的大人。"

他不停地说大人不会相信的。但我不理他，他又一无所获地回去了。

过了40分钟，他又回来，用想引起同情的声调对学生某说："把你写的给我看看。我说了笔记丢了，大人都不相信。若我们办事不妥当，会被大人痛骂的。

我抄写这份记录是要报告给将军的。"

我听见这话就让学生某回答："我写的只是辞退了护卫兵而已，没有别的事情。其他的事大人都看过了。我们绝对没有说谎，请你不要怀疑，大人相信与否与我们无关，你只要把这件事转达给大人就可以了。"

其实我并没有丢掉笔记，我这样回答是想要告诉他们，刚才那些看热闹的人对我们十分无礼，而他们根本不制止，才会造成如此严重的后果。从如何处理这件事情，就可以看出他们是十分缺乏威力的。他们只不过是再三叫人来，用甜言蜜语说两国是相好的，说请您给我们看笔记，更差劲的是在外国官吏面前毫不忌讳地说副都统不相信之类的话。

3点，我去回访佐领吉氏，偶尔谈及今天访问副都统的事，他解释说："一官管一事，本地副都统只管辖宁古塔城下的民兵，其牛录总共有12个，每年的二月和八月，得到将军的命令才可以召集民兵操练，将校有协领2名，佐领、防御、骁骑校、笔帖式等各12名，一牛录的兵有50名。我是佐领，虽然率领120名兵，但是队外的人归我管辖的有1 000多个，所以平时本城管辖的兵虽然有1 400～1 500名，一旦发生战事，能率领10 000多个人。现在还没有设靖边兵。以前经常有200～300名官兵常驻在本城，以防草贼，现在一个兵也没有。一有警报，就从营弁派兵，或飞檄传文、召集民兵。您要是早来五六天，就能看到他们操练，现在他们已经解散回到乡下去了，离城里有20～30里，甚至100～200里的地方，一下子要把他们全部召集起来是不可能的，并且没有将军的命令，本地副都统无权动兵。掖河营弁是将军督办直辖的，这件事就算求副都统，他也没办法做到。如果你们经过珲春，就一定能看到。因为珲春副都统依克唐阿兼任帮办督办，有他的公文，各统领都会奉命的。但本地副都统的公文是没权传给各统领的。"

从他的解释中，我才真正明白，靖边军督办和这个副都统的权限，本身相差甚大。这里有一个珲春靖边军的士官，跟他交谈了一会儿，了解到了靖边军的编制及其驻防所的位置。这部分记录在"兵备"一章，在此省略。

28 日

从本城出发到吉林。10月3号经过额穆赫索罗站（珲春及宁古塔道从这里开始分路），这个站有佐领衙门，驻扎官兵50名，宁古塔的护卫兵在此更换。我们一行刚住进某店，衙门的官吏就来问："台上（指宁古塔）副都统衙门的公文上写着有日本人 3 人和清国人 1 人前往吉林一事。"

我告诉他说："我们 4 个人都是日本人，没有清国人。"

但他似乎还是很怀疑。于是我觉得有必要解开这个嫌疑，让某很郑重其事地对此事做了解释。他这才理解而离去。

宁古塔副都统衙门为何记载如此没有根据的事情，我刚开始很难理解，这里有两个原因：其一，护照上只写了 3 个人的名字，没有把随从人员的名字记上。其二，随从人员的中文非常好，讲话发音十分正确，所以造成了误会。以前怀疑我们中间有俄国人，现在却怀疑我们中间有清国人，真是到处都被怀疑，我们尽量努力不去造成如此的误会，但谈何容易啊！我们一行所受到的怠慢很多就是起因于这个嫌疑。

10 月 10 日

刚渡过松花江，护卫兵就对我说："是自己找客店，还是让这里的官吏帮忙？"

我认为不去麻烦吉林将军衙门反而能住到好店，能方便一些，就拜托他去做这件事了。他说："这样的话，就先派个兵跑去找。"

我便让他去做了。

我们的车马从朝阳门进入大街时，他派去的兵到街上来迎接我们，把我们带到粮米行街的奎昌店里，说是从珲春、宁古塔来的人大都住在这里。我们一行要住的屋子里有珲春的士官和商人各 1 名及敦化县的新任正堂 1 名，没有隔扇，炕对炕坐着，不便之处可想而知。

我们一行人好不容易才坐上炕，就来了一个老年官吏。

他问别人："他们是什么时候来的？从哪个门进来的？"

问完，又要我出示护照。

我对他说："你不告诉我你的官位、姓名的话，我很难答应你的要求。"

他写道："吉林将军衙门王玉堂。"

我看了这几个字问他："吉林将军衙门是你的官位吗？你是什么样的官，也就是几品官？奉什么样的职？"

我一问到这件事时，他就东拉西扯，消磨时间，不过最后我还是给他看了我的护照。

他把护照抄完后，还问我："你因什么公事来到此处？"

我说："已经给你看了护照，你也抄下来了，还有必要再问吗？你现在把它抄下来了还不懂吗？"

他默然离去。

这天，将军衙门没有派护卫兵来，来看热闹的人非常多，他们撕破窗纸，闯进屋里，非常杂乱，但是同屋的官吏不仅完全不制止他们，还根本不当回事。

这天晚上，吉林最有名的财主，源升合号掌柜的一个儿子来访。他说："机器局的总理叫作宋卜升①，在外国留学了很长时间，现在在这个地方，我和他经常有来往，他们制造局所需要的物品大都是经由我们店铺办理的。"由此，我清楚地知道了机器局总理的姓名。

11 日

一大早，我寄信到将军衙门，信的内容是："明治十八年某月某日，日本某谨呈上书大清国吉林将军衙门。小官昨天来到贵城，投宿在奎昌店，今天想见将军阁下，应该几点钟去将军府拜访？请赐回字。"

昨天来查看护照、穿得破破烂烂的老头儿，今早又来了，好像是在保护我们一行人似的，虽然我并不知道他是何人，但以他的行动来看，似乎是衙役。于是，我写完信，令他把这公文带去将军衙门。

他接了命令正将离去时说："要先将信拿到理事府，再从理事府传到将军衙门。"

我答应后，他就离开了。

老头儿回来之前，又来了一个官吏问："昨天几点到的？从哪个门进来的？来了几个官？"

我说："昨天来了一个官吏，抄了护照，护照上已经写明了这些问题，我现在没有必要回答你。"

他说："昨天来抄护照的是兵营的官吏，我是将军衙门派来的，请出示护照。"

我说："你别胡扯！我问了昨天来抄护照的官吏的姓名，他说是吉林将军衙门王玉堂，而且进一个城，护照让那个城的官吏看一次就足够了，没有再三出示

---

① 即第 69 页的宋渤生。

的吧！今天早上已经给你们将军衙门发了公文，我的官位、姓名应该是老早就知道了，我现在只是在等你们的回信。"

他说："不能不向将军禀告有几名官员前来，来做什么公事，请写下来告诉我。"

我拒绝了。他问旁边的人有几个官，得到的答案是，官只有一位，正是那个人（指我本人）。于是他就回去了。

不一会儿，又来了一个官吏，说："你们今天送的书信将军看了，请先告诉我有什么事，我来办。"

我说："请问你的官位、姓名？"

他说："办事藏绪。"

我说："我要先见了将军再讲。"

他说："没有总理各国事务衙门的公文，将军不会见你们。你们什么时候出发？会派兵护送的。衙门里有3个兵，派到这个店里来，供你们使唤，上街的话，必须有他们相伴，让他们护卫。"

我听他那不急不缓的语调，就知道他想瞒着我们。

我就对他说："给将军请安，没有其他的要求。你迅速去把这件事情禀告给将军。"

到了晚上，他又来了，说："您的请求我已经禀告给将军了，但是将军不允许。你要求的到底是什么事？你要办的事我一定帮你办到，你应该告诉我。"

我说："将军无缘无故不见我，我也不敢要求什么，我们只是按照通商条约国家的通义来行事。"

但是他反复问我有什么事，我故意忍着不讲，坚持不告诉他，因为我所要求的事他根本就做不到。我知道满洲官吏有想尽量在中间把事情办好，不去劳烦将军，以此表现自己的才干的恶习。

这天，从理事府又派来两个士兵护卫我们，但是行人及士兵来我们客栈凑热闹的又很多。他们用沾了唾沫的手指把窗纸戳破，闯进屋内来，我阻止他们也无人理会。我实在无法忍耐那种令人厌恶的状态。

12 日

清早，有很多手里拿着弓箭的人来到我的客栈，我打听一下他们是干什么的，说是要到将军府考试的。

今天早上我又给将军写了一封信，并指定时间叫护卫兵送到将军府上去。如果我不这样做，就无法迅速达到我的目的。

信上写道："某（我）谨呈上书大清国吉林将军阁下。我认为通商条约的要点在于交换两国各自没有的物产，以此进一步增加两国的交谊，为两国人民谋取福利。昨天写了一封信送到将军衙门，说要见阁下，这一来是因为条约国的通义，同时我也是真心想向阁下请安。但阁下派来的官吏告诉我说，没有总理各国事务衙门的公文的话，将军不会见我，为此我深感困惑。现有他国官吏来到贵省城，想向将军阁下请安，阁下的部下却不接受，通商国交际的通义是这样的吗？贵国和我国的友谊是最深厚的，我们的情谊并非一天所形成的。但今天阁下的部下对待我还不及对待别的国家的人。我请求的并非特别的事，只是请阁下允许我们参观阁下统辖的当城的营弁练兵和机器局的设备等而已。我国每当有军事大操练和工厂开业典礼的时候，总是招待贵国驻扎在我国的官吏亲临其场，这也只不过是对邻邦所尽的通义而已。如果阁下能允许我达到我的愿望，我将感到荣幸至极，将永远不会忘记阁下的厚恩。谨待台命。"

我把这封信交给值班兵的时候，嘱咐他要把回信拿来。

但是不一会儿，他回来说："将军太忙，还没空开信。回信等一会儿会送来的。"

可是这时，突然有两个士兵进来问道："今天你们上不上将军府？"

我问他们是从哪个衙门来的，他们说："你们早上派人送来的信，将军还没有看，衙门的大人命令我们来，问你是否要上将军府。"

于是我笑着说："你们的官吏干什么事情都令人费解，昨天衙门的官吏来报告说将军不见我，然而衙门的大人却问我要不要上将军府，真有意思。信上所写的内容并不是见将军，你回去把这件事情告诉给你们衙门的大人。"

他们用了数刻，一直在观察我们的行李，不肯离去。

大多数衙役都很迟钝且不规矩，这样的人很多。

下午3点，办事藏绪又来说："今天将军看了您的信，命令我来传达，请您多住两天再走吧，上街溜达溜达，官兵会保护你们的。"

这回答和我所希望的正好相反，渺茫得好像在抓天上的浮云。

于是我对他说："今早的信，写的不是这个请求，我们有护照，上街是我们的自由，除了禁地之外，我们去哪里都可以。现在你所说的和我所要求的，完全不相干，这恐怕不是将军的命令吧。请你迅速把我所请求的回信拿来。"

他说："将军不回信，只是用口头回答而已。"

我说："用口头回答也无妨，但你要回答我的请求是可以还是不可以。"

他说："没有别的吩咐，只是叫我传达刚才的命令而已。"

我说："这和我前面所请求的内容不同。请你把那封是否许可的回信给我拿来。"

他说："可以。只是今天已经快傍晚了，明天早上再来。"

我说："你们的回答非常慢，昨天、今天已经耽误了两天，为此我们不能出门，我们可是赶路的人，不能在此久留，请你今晚就把回信拿来。"

他说："将军的回答不是我马上就能够拿到的。连我们现在交谈的内容都要经过知府及道台衙门等才能到达将军衙门。所以不等到明天的话，无法得到回答。"

我说："这样的话，那就明天一大早来。我们不出门，在这里等你。"

他说："可以，明天早早地就来告诉你们将军的回答。"说完他便离开了。

从这样糊里糊涂像说梦话一般的回答，就很清楚地推想得出我的信根本就没送到将军手里。

13 日

从清早就开始等办事藏绪的回答，一直等到 11 点，一个士兵才送来了一张用红纸写的名片，上面写着"五品衔署吉林府经历秦奉朝"。

过了一会，秦氏与藏氏一同来到我的房间。看那打扮，是便服穿在里面，然后再套上窄袖有领的官服，头上戴着用透明的玻璃水晶装饰的白顶帽子，挂着朝珠，穿着长靴。秦氏 40 多岁，身躯强壮，眼光锐利，不像一般的满洲官吏。

我先请他们入座，他们泰然坐下。秦氏问我："从哪里来的？到哪里去呀？"

我没有回答这个问题，反而问他："你们来我这里有何贵干？请先告诉我。"

但是他呈现出傲然不满的脸色，有点生气地向我传达了将军的命令："不管哪个国家的人到本城游历，将军都不会见他们的。营弁、机器局也不让人参观。前几年俄国人来本城的时候，也请求见将军，让他们参观营弁和机器局，将军也没有允许。这已经有先例了。我们不能为贵官一个人破例。"

我反驳道："昨天所送的信，即我请求将军允许我看营弁练兵和机器局，可你现在说得很明白，将军不允许我们参观，黑龙江各城都可以参观营弁操练和设备，只有你们这里不准观看，这到底是为什么？吉林的营弁和机器局不让外国人看，是大清王朝的禁令，还是你们将军的禁令？"

他说："要看这些设备，是要通知总理各国事务衙门的，等待他们的来信后，才能决定能不能看。"

这时，藏氏插话说道："这个地方没有营弁。"

我责备他道："江南岸上的不是营弁吗？你难道身处官位，还要说谎吗？"

在旁边听我们谈话的人都在小声说："什么都不要跟他理论，他什么都知道的，你们骗不了他的。"

他们大概都是这个样子，当着我的面说谎。

我又对秦氏说："起初，我想向将军阁下请安，将军阁下无缘无故不见我，如此无礼的做法我在外国还没见到过。之后又请求将军让我参观营弁、机器局等，也得不到允许。为此前后浪费了 3 天时间。你们来传达将军的话，说是俄国人来都没有允许他们看，我不信这件事。前年俄国参谋大佐巴罗巴什来本城，就看了机器局，是你们总理宋氏接待的，是我亲耳听说的。然而将军现在说不允许我看该局，这是厚俄国而薄我国。我国朝廷对待贵国政府的官员绝对不会这个样子。我带着贵国总理各国事务衙门的护照，除了贵国所禁止的地方之外，我哪里都可以去看。可现在将军却不允许我们参观营弁、机器局等地方，我真是不解其意。我在俄国和巴罗巴什见面时，亲耳听到本省机器局、营弁等的事情，现在有幸来到此地，只是想看看实况而已。"

秦氏说："允不允许看，这不是将军所掌握的事情。将军依照清国的体制办事，不能擅自决定。"

于是我辩驳道："清国的体制是根据将军的更迭而起变化的吗？如果只是这样变更，那么清国的体制不就是由将军的变更来决定的吗？之前将军铭安允许俄国人参观营弁和机器局的事是掩盖不住的事实。"

我因无论怎样都达不到目的而感到十分愤怒，想刺激一下他们，就又拿起笔来，写道："贵国衙门的官吏谎言百出，且完全不怕自己的做法有损大清国国体。我所经过的三姓、掖河、宁古塔等地的官员，有很多人欺骗我，这是我所不喜欢的交谈。"

但是他对我们是非常傲慢的，看到我写的内容，大发怒火，想拿起笔写，却气得手指颤抖而无法写。他气得对我怒目而视、咬牙切齿，站起来好像要走出去似的，但过了一会儿，他写了"不许胡言乱语"，便把写的纸张扔到桌子上，又想拿起来再添几笔，无奈他写不下去，就把纸张递给了我。

我瞥了一眼，对他们说："我没听说清国的体制是根据将军的更替而变化的。既然机器局、营弁等让俄国人参观过是事实，而你们还说没有，这不是谎言又是什么？难道只有前将军铭安一个人在遵照清国的体制办事吗？这不也是明明白白的谎言吗？"

我这样痛斥他们后，他们就哑口无言了。

这时藏氏又插嘴道："俄国人有没有参观过机器局应该去追究宋氏。"

秦氏得此机会马上说道："我会将今天的对话告诉将军，再追问一下宋氏，是否有俄国人去参观机器局的事实。如果将军允许参观，我们就派官员来带您去，如果将军不允许就捎信给您。"

我说："允许与否，请今天回答我。你们延迟回答已经消磨了我 3 天时间，我到现在都没法出门上街看看。如果将军不允许，我也就不再勉强请求了。"

他说："今天不行，明天早上一定给您回复。"

他给了我一个很坚定的承诺之后离去。

14 日

早上，我等待秦氏的回答，但是他没有来。我们一行人从进入满洲开始，起卧在尘埃之中已经两个月了，到现在还没有洗过澡，听说这里有澡堂，想在今早等待回答的时候去澡堂洗个澡。刚洗完，衙役就来了。

他说："经历来了，在店里等你们。"

于是我心头有种可以达到此目的的预感，就赶回住处。

秦氏在店主的房间里，一看到我回来，就马上到我房间来，说："我昨天向将军汇报后，将军说无论是哪个国家的人，能够在本城闲游但不允许参观营弁、机器局等。但既然贵国和我国是特殊的合作国家，而且你们回国后也许要拜见你们的天皇，那时会把在我国的所见所闻报告给你们的天皇，为了您的功名，开个例外，将军特地允许您参观这些地方。机器局、营弁等处都不及贵国，您见到可不要笑呀。"

秦氏讲这番话，是想让我觉得达到此目的全要归功于他。我如果不能亲自参观这个机器局，就无法达到了解将来满洲军的机械、军火等的目的。如果不能亲眼看见营弁的实际情况，就无法观察到靖边军队的现状。所以无论空等多少日子，只要能达到目的，到现在为止因那些不愉快的交涉而消磨的日子也是不得已而必须付出的。

秦氏问道："什么时候去看机器局、营弁呢？"

我说："今天参观机器局，明天上午9点钟去参观营弁。"

于是，他马上派人把这件事禀报给将军衙门，并对我说："如果一开始就是我来跟您见面，就不会耽误这两三天咯！昨天我亲自见将军时，对将军说允许参观这些地方没有什么妨碍的，今天马上就得到了允许。"

他颇有夸张之势，表里如此不一，还那么炫耀，让我实在不得不觉得他可怜得可笑。

他又说："机器局离这里有五六里，道路泥泞不好走，骑马还是坐车请您选择。"

这里还有件更可笑的事。这家伙回到店主房间等我们雇车的时候，碰巧学生某有事到该室，秦氏请他坐下，和他聊天，说道："前年，英国人来参观机器局的时候，带了一个小箱子，把该局都摄影带回去了，今天你们也带了那样的箱子吗？"如此前后矛盾的话，他都不会面露惭色。不一会儿，车来了，官吏、衙役等6个人领路，我们随后就去参观了机器局。其事记载在"吉林机器局及火药制造局"一章里。

我们一行刚来这个店的第二天，有3个旅客也来投宿，他们自称商人，但这是假的。他们的动作和语言以及旁人对他们的态度跟普通商人完全不同。有时他们殷勤地来和我们聊天，问："你们要到哪里去呀？"我们一回答说要去盛京，他们就显得非常高兴地说："我们也是要去盛京的，但是路上马贼很多，特别危险，你们走的时候一定有官兵护送，所以也让我们跟着去吧。"

我问："你们是哪里人？"

他们回答："家在关里，离北京不远，但我们在珲春经商，到盛京买货再转卖到别的地方去，赚的钱只够糊口、抽烟。"

他们所说的跟真的似的，所以我就试问他们我自己已经知道的珲春的兵备和殖民的情况，他们的回答都是胡言乱语，不值一提。他们很努力地用言语来拉拢讨好我们，想得到我们的信任；又不停地想知道一些我们的内政和外交的事情，所以如果不是秘密的事情，我就很仔细地向他们解释，但是当我问他们有关本城的事情的时候，他们的回答又只是捕风捉影。他们说专业是经商，但我问他们有关商业的问题时，好多次他们都答不出来。于是我们越来越怀疑他们是密探了。

有一天我对他们说："你们不要假装是商人，我很清楚你们不是商人。"

但他们说他们确实是商人。

这三人中有两个是特别想阻碍我们的，如果我们问旁人当地情况的时候，其中一个就暗地里制止对方，或者对着他们的耳朵讲："别说！别说!"另一个是每当我们一上街就跟着来，片刻不离左右，我们进一步，他进一步，我们退一步，他也退一步，好像是护卫兵一样。每当我出入时，他就突然失踪，其实他是到街道厅去报告我的行动的。

后来有个老头来，我问他的职业，老头回答说："我是商人，不是当官的，也就是管地面的。"

我刚开始不理解他的回答，反复地问他，那个密探就过来解释道："管粮米行街，一发生事情的话，就把它报告到经历衙门去。"

此时，这个老头就用手指着密探很有敬意地说："他是官。"

于是，我们一行人就知道了他们的秘密，轰然大笑了一场。

可是这些密探们还在遮遮掩掩地说："我们以前做官，但现在只是商人。"

之后，听到那个密探在墙外和别人小声地说："这算什么呀，他来玩，却把我是当官的事给说了出来，真是的!"

听了这话，我更加相信他住在这里是为了监视我们，而且他为了不让我怀疑，还带了两个随从，其中有一人不停地在遮掩我们想要探知的事情，另外一人却通过讲解，让我了解到本城的现状，而且他所说的都是真话。在这里要提一下的是，住在这里的人对待我们的态度因此而变化。到今天早上为止，我不管问什么，大家都避而不答，等将军一允许我们参观机器局和营弁，他们就像放下心来一样，完全不再怀疑我们了。刚开始，他们听见我向官吏要求请将军允许我们参观机器局等的话时，他们就窃窃私语："不行！不行!"那样子好像将军是高官，不能见似的。这并不只是吉林才有的事，在这之前的各城也都是如此。因而，我们能不能见到当局的长官或者他属下的官吏，以及能否得到观看操练的允许这些事情，不只有利于侦察兵备，同时也是得到当地人信任的一个原因。这是最应该注意的一件事情。

15 日

9 点钟，秦氏陪同我们去参观营弁，回来的时候乘的渡船刚到松花江左岸，那个密探突然又冒了出来，好像是在跟踪我们。我也注意观察他的一举一动。他之后进了将军府旁边的街道厅。从此可以知道，他原本就是这个厅的官吏，其他两名是他的下属。

之后，我们追问他们："去街道厅做什么？这个厅是商人出入的地方吗？"

他们遮遮掩掩地说："是为了买通往盛京的旅票。"

我们一行人住在这家店的时候，他们经常来问我们什么时候起身，请我们允许他们一起行动，但是我快要离开吉林的时候，他们飘然失踪了，并不见他们和我们一起出发。他们不但没能妨碍我们达到目的，反而帮了我们不少。这可以说又是一件侥幸的事情。

第二章 兵备（附兵营、火药库、谷仓）

满洲位于关东，包括盛京、吉林、黑龙江。吉林、黑龙江和俄国国境相接，所以加强边防建设的任务日益紧急。我在俄国领土沿海、黑龙两州工作数年。现在又得到巡回满洲，亲自视察这里的兵备、兵制等制度并做汇报的机会。盛京的兵备情报已经有很多人做过调查了，无须我多说。因此，下面只叙述黑龙江、吉林的兵备概况，以示其兵制之一斑，同时附上沿途见闻，供大家参考。

1880 年清国和俄国之间发生冲突，几乎到了大动干戈的地步。满洲的边防问题已是燃眉之急，但八旗兵的积弱萎靡根本不足以和俄国折冲。有鉴于此，清廷选拔吴大澂为吉林边防钦差大臣，让他率领关内的兵团驻扎在宁古塔，整理东北的军务，防备俄国符拉迪沃斯托克及尼古里斯克等方面。

1881 年，设专门督办，以吴大澂为其任。吴氏专心研究边防，首先定其总部于宁古塔，亲自常驻这里，各营房设在上世河、珲春、三姓等地，将内地人民移居到吹风郡和珲春附近的荒野地区，让他们在那里开荒致富。重新派分遣队到三岔口，窥探俄国的情报。又在宁古塔、三姓之间，以及额穆索、珲春之间开设军用道路，将至吉林的泥路高坡改造为陆运车行的方便道路。继而在吉林建设机器局和火药制造局，改变了满洲军的军械装备。他非常努力，功绩实在显著。

1883 年 10 月吴氏率领马队、步队 7 营 1 哨回到西边去了，其兵权也就移到吉林将军手里。督办吉林边务处设在吉林，将军亲自兼任督办，珲春副都统依氏为帮办。他们不但继续实行了吴氏的军事计划，还不分旗人、民人招募壮丁，补充了靖边军，边防武备日益扩张，其兵器、操练等专门模仿西洋，大规模地改变了吉林昔日的面貌。

黑龙江现在虽然还没有如此活跃的兵制改革，但也开始着手改良进步了。瑷珲位于黑龙江岸，和俄国领土黑龙州布拉戈维申斯克隔河相望。清国和俄国之间一旦有冲突，俄军首先南侵的地方必定是瑷珲。因此，清国已经在瑷珲的部分地方按西洋式的方法编制了洋枪队，定时训练。不只如此，今年还在瑷珲到上流摸力额之间的江流沿岸设了 25 个碉堡，各个碉堡里驻有官兵 20 名、士官 1 名。又征用时聚时散、漂流四处的鄂伦春人，使其放弃游牧打猎的野蛮生活，逐渐地将他们变为土著居民。1884 年新设兴安城，把他们召集到城下，编制成常备军。其唯一的目的无非在于关注边防建设。

其他的地方，如墨尔根、齐齐哈尔、呼伦贝尔、布特哈、呼兰等地有旧式的西洋式驻防兵。现在全部的洋枪队加起来和其他驻防各队相比的话，数量虽然仅仅是 1/2，但是洋枪和那些旧款西式的军械不同，这些新东西连儿童、仆人都懂得如何用。况且清廷解除了历代的国禁，让南方人移居北方，我们只要想到他们已将荒凉的大地改为农耕地，就知道不久的将来，黑龙江的兵制一定会面目一新，这是个必然的趋势。黑龙江的兵制如果真的得到改变，和吉林达成相助的话，俄国领土东边的西伯利亚方面的边防就能达到完全的防备效果了。

满洲自古以来的兵制——八旗虽然在名称上还存在，但现在只是用来区分那些和他们在一起的新移民的生活方式罢了，和军队的编制已毫无关系。一个部落中的旗人、民人虽然好像是同旗的人，实际上绝不是这样的。像军队的编组，一队一排之中是由各种旗人、民人混合组成的。所以八旗的名称几乎是有名无实的，恰如我国源平藤橘①各姓，和他们没有什么不同。但同旗的人还是互敬互爱，和对别的旗的人是不一样的。这和我国以前同姓者的一般感情相比，差距太大，作为局外人好不羡慕他们的亲密之情。

现在，满洲的兵政终于有了进步，以其所决定的方针路线取舍兵丁，虽然取舍规定不统一，非常混乱，但大概可分为三种：一是八旗编制的旧组织里的人；二是营弁的下士和士兵，或者叫作西丹兵②的好不容易才进入洋式编组的人；三是从一般的民丁中采用的，他们大都是在洋枪队里的人。

满洲八旗男子的弓术和马术逐渐达到精练的话，可以在每年二月和八月的两次征集时应考，接受骑马拉弓的考试，技术要精练得五射五中才能及格穿军装，这叫作披甲。及格的人在家时一个月还可以拿到 2 两薪俸，即一年有 24 两薪俸可以养家糊口。实际服役时，在此年俸之外还可以领到相当可观的薪俸。他们在其部落里是最令人羡慕的、最有名誉的人，而还没有考上的人都被叫作西丹。八旗旧组织中的兵考及格的话，也能博得这样的名誉，而且可以得到实利，受到清廷的热心保护。但目前形势所趋已不是用本来的名誉待遇可以制止的了。现在已经

---

① 源平藤橘：日本古代至中世纪的四大贵族，他们大多有古代天皇的血统。
② 西丹：满语，幼丁之意。清代东北地区八旗披甲前，以幼丁为预备兵，令习武艺，其作战有功者得正式改为披甲。清后期曾多次从东北调其出征，俗称西丹兵。

面临兵制进步的时机，连满洲精兵的旧组织旗兵都甘心于西洋式的军队形式、纪律、军械等，而放弃自己本来所有的名誉、实利和政府的厚遇，在别人面前必定夸耀自己是洋枪队的兵。满洲兵拥有颇令人喜爱的优秀资质，他们那富于进步竞争的精神令我们想象得到将来的趋势。

吉林的兵备

吉林有 4 个新编成的练防军，马队、步队共 13 营。这是 1880 年清俄之间发生摩擦时，吉林将军铭安及钦差大臣吴大澂等招募编制成的。巩字军步队 2 营、马队 2 营在宁古塔，卫字军步队 2 营、马队 2 营在珲春，绥字军步队 3 营、马队 2 营在三姓，安字军马队 1 营在吉林城驻防。

1881 年专设督办，由吴大澂担任，边防越来越严。1883 年吴大澂上奏将巩字全军及绥字军的步队 2 营、马队 1 营带往天津。所以现在的留防只有马队、步队 7 营。靖边三路一军的马队、步队 10 营也是在 1880 年由钦差大臣喜昌招募所编成的，即原设驻防的珲春靖边军中路有中、左、右 3 营，喜昌上奏将右营带往库伦，即蒙古，所以现在的留防只有中营的步队 1 营、马队 1 哨，左营的步队 1 营而已。原来设的驻防宁古塔靖边军左路中营的步队 1 营、马队 1 哨，左营的马队 1 营，右营的步队 1 营，其步队 1 营、马队 1 哨上奏带往天津，所以现在留防步队只有 1 营。原来设的靖边亲军 1 营由喜昌上奏将其全数带往库伦。原来设的驻防宁古塔靖边右路的 2 营 3 哨由吴大澂改编为亲军步队 2 营、马队 1 哨，原来的 10 营减为 9 营 3 哨。所以剩下的吉林的练防军、靖边亲军的原来的马队和步队合起来只有 22 营 3 哨。1881 年喜昌又上奏将 2 营带往库伦，1883 年吴大澂挑选马队、步队 7 营 1 哨 3 000 人，像上次那样带往天津。所以和当时相比，现在的留防军减到 13 营 2 哨。

现任吉林将军希元上任的同一年，不巧吴大澂往西去了，两人没有见面。1884 年 5 月清廷命令希元督办边防，珲春副都统依克唐阿为帮办，按照吴大澂督办时所设防军的原来的名额从八旗、营弁挑选 3 000 名强壮的西丹补充。撤销卫、绥、安各军的名称，都改用靖边的原名。分为前、后、中、左、右五路，添设新置编成 20 营 3 哨分驻各处，1 营有前、后、中、左、右，以此类推再细分为前、后、中、左、右哨。

步队的编制法是 10 人设 1 名什长、50 人设 1 名哨长、100 人设 1 名哨官，这叫 1 哨，是最小的单位，因此 1 哨有哨官 1 人、哨长 2 人、先生 1 人、什长 10 人、官兵 100 人，合计 114 人。5 哨为 1 营，或叫作 1 亮子，其指挥者叫营官，营官附笔帖式有 2 人。即 1 个营官所率领的有哨官 5 人、哨长 10 人、什长 50 人、先生 5 人、营官附笔帖式 2 人、官兵 500 人，合计 572 人。5 营为最大单位，其指挥者叫统领，统领附笔帖式有 16 人。即 1 个统领所统率的有营官 5 人、哨官 25 人、哨长 50 人、什长 250 人、先生 25 人、统领附笔帖式 16 人、官兵 2 500 人，合计 2 871 人。

马队的编制法基本上和步队是一样的，不同的是兵员比步队少，即 50 人为 1 哨，有哨官 1 人、哨长 2 人、什长 5 人、先生 1 人、官兵 50 人，合计 59 人，这是最小的单位。5 哨为 1 营，其指挥者为营官。1 个营官所率领的有哨官 5 人、哨长 10 人、什长 25 人、先生 5 人、营官附笔帖式 2 人、官兵 205 人，合计 252 人。2 营为最大单位，其指挥者为统领。1 个统领所统率的将校和官兵为营官 2 人、哨官 10 人、哨长 20 人、什长 50 人、先生 10 人、营官附笔帖式 4 人、统领附笔帖式 5 人、官兵 500 人，合计 601 人。

营官及统领所率的兵员虽然有规定的人数，但实际上并不完全如此。他们有把营官尊称为统领之类的习惯。比如在上世河恩统领的 2 营，吉林的营官全尊称为统领，这是一例。又如 1 个营里有 2 名使丁，炊事三五人结成一伙雇个大师傅，让他做饭，这又是一例。以上 20 营 3 哨，有步队 13 营、马队 7 营 3 哨。因此吉林的靖边及其亲军的将校士卒，步队 7 436 人、马队 2 256 人，合计 9 692 人。设 5 位统领统率这些士兵，而在 5 位统领之上的最高督办是将军。

宁古塔副都统依克唐阿是将军的帮办，靖边亲军是旧安字军 1 营和旧靖边右路 1 营，加上步队 1 营、马队 1 哨编制而成的，属于将军直辖，不另设统领。步队、马队合起来总共有 3 营 2 哨，其中马队 1 营驻扎在省城，另外 2 营 2 哨分驻在三姓和宁古塔之间的各站及各路。又有称为督办亲军和爵师亲军的小队，是从靖边亲军中选拔编制而成的。爵师亲军小队的任务是在将军府上做将军府的守卫，外出做仪仗队。督办亲军小队本来也应该常驻本城里奉将军之命服役，但现在也有分驻在别处的，经常在车站看见督办亲军。他们本来是不算在战斗兵数里的。

被服与休养

马队、步队都穿规定的制服和军靴，制服上衣的胸前和背后各画了个圆圈，胸前的圆圈上写着靖边或是督办亲军，背后写着吉军，吉军的下面写着何路何营何队，军靴的长度和我们的雨靴差不多，只是平底没有后跟，军靴是用布做的，这一点和我们不一样。他们不戴帽子，用黑布把头包起来，很有威武之风。

有的人是向政府借一大笔钱，入队时先把军马买下来，然后从俸薪里一点点地扣，有的军马是政府的，战死沙场的话，士兵要从自己的俸薪里交给公家8两银子作为赔偿，这是事先定好的。也有说军马是自己的，每次问他们时，他们都随机应变地回答，所以无法确定实情，但肯定不是纯属公家的。另外，公家不付饲料费，他们认为饲料费应该是用骑兵的俸薪付的。八旗出身的营弁兵都是西丹兵，而且多数年轻力壮，他们都是自告奋勇服役当兵的。

卫　生

有关卫生的事项，虽然好像还没有引起当局的注意，但一般的方法已经有了。比如虽没有另外建造医院，但每两营就有一个军医。有患者的话，那军医就到患者所在之营出诊，给患者投的药是用官费的。如果患者的病情需要隔离时，就让患者住到市民家里去，死亡的话，官府付给10两埋葬费，死者的遗物用来提供埋葬费用，剩下的才分给遗族和亲戚。

将校任用制度

任用将校时，已经完全脱离了旧习惯，不管是什么等级的官只选拔能胜任的人。

服　役

将校、士兵全规定为终生服役，没有特殊情况的话，是不允许退役的。很难确定队伍里旗人出身的多还是民人出身的多，但是骑兵就以八旗的人为多。步兵中也有不少八旗的人，由此可以看到他们扩大军备的坚定意志。这个军队只有五六年的历史，只要纪律稍加严明、武器稍加改进，将来一定大有作为。这可以说完全是因俄国边疆的刺激而出现的结果。

下面列出1880年，铭安、吴大澂、喜昌等招募组成的练防、靖边两军之表格和 1884 年现任吉林将军督办希元编成的靖边军基础队表格，然后列出靖边军的表格，新添置的人数就一目了然了。

表 2-1　吉林旧练防军略表

珲春安字营	马队	2 营	
	步队	2 营	
宁古塔巩字营	马队	1 营	1883 年 9 月吴大澂上奏带往天津
	步队	2 营	
三姓绥字营	马队	2 营	同样上奏带马队 1 营、步队 2 营往天津
	步队	3 营	
吉林安字营	马队	1 营	
备考	以上的防军马队、步队共 13 营是吴大澂率领来的，作为关内兵的基础队。1880 年，由铭安、吴大澂不分旗人、民人招募壮丁编制而成。上奏得到批准，每年从户部领取饷银 50 万两。1883 年 9 月吴大澂上奏把马队、步队 6 个营带往天津，所以现在的留守防军只有马队、步队共 7 个营		

表 2-2　吉林旧靖边军表

靖边军	中路	中营	马队	1 哨	靖边三路一军马队、步队 10 营是 1880 年喜昌招募编成的，奏准每年从户部拨发饷银 40 万两。1881 年喜昌上奏带领 2 营赴库伦。每年计划发给饷银 8 万两。留防马队、步队 7 营 3 哨每年从户部领取饷银 32 万两
			步队	1 营	
		左营	步队	1 营	
		右营	马队	1 营	喜昌上奏带往库伦
	左路	中营	马队	1 营	1883 年吴大澂上奏带领步队 1 营、马队 1 哨赴天津，留防马队、步队 6 营 2 哨
			步队	1 营	
		左营	马队	1 营	
		右营	步队	1 营	

（续上表）

靖边军	右路	吴大澂改原设2营3哨为亲军步队2营、马队1哨	步队	2营	吴大澂上奏带领各1营赴天津
			马队	1哨	
	靖边亲军	1营	喜昌上奏带往库伦		
备考	统计原设吉林防军其他马队、步队22营3哨，其间喜昌上奏带领2营赴库伦，吴大澂上奏带领7营1哨赴天津，因而现在留防军队只有13营2哨				

表2-3 吉林全省靖边军表

添设	珲春	中路	中营	马队	1哨	3营1哨的统领是永氏
				步队	1营	
			左营	步队	1营	
			右营	步队	1营	
		前路	前营	步队	1营	4营的统领是哈氏
			后营	步队	1营	
			中营	马队	1营	
			左营	马队	1营	
添设	宁古塔	左路	右营	步队	1营	步队的统领是恩氏，马队的统领是双氏
			前营	步队	1营	
			后营	马队	1营	
			中营	马队	1营	
新置	南岗子	右路	左营	马队	1营	3营的统领是保氏
			右营	步队	1营	
			前营	马队	1营	
添设	三姓	后路	后营	马队	1营	3营的统领是葛氏
			中营	步队	1营	
			左营	马队	1营	

（续上表）

添设	吉林	靖边亲军	右营	步队	1 营	3 营 2 哨的营官是永氏
			前营	步队	1 营	
			后营	马队	1 营	
			中营	马队	2 哨	
备考	合计 20 营 3 哨。此靖边亲军是旧安字军 1 营和旧靖边右路 1 营，再添上步队 1 营、马队 2 哨在此名下编制而成的					

表 2 - 4　营弁将校士卒薪俸表

官职	马队薪俸	使丁及马饲料	步队薪俸	使丁及马饲料	总计
统领	340 两	使丁 16 人 48 两，马 6 匹 12 两	同左	同左	400 两
统领附笔帖式	29 两		同左	○	29 两
营官	107 两	使丁 8 人 24 两，马 4 匹 8 两	同左	同左	139 两
营官附笔帖式	29 两		同左	○	29 两
哨官	18 两	使丁 2 人 6 两，马 2 匹 4 两	同左	同左	28 两
哨长	16 两	使丁 1 人 3 两，马 1 匹 2 两	同左	同左	21 两
什长	8 两 5 钱		4 两 6 钱	○	8 两 5 钱、4 两 6 钱
先生	10 两		同左	○	10 两
官兵	7 两		4 两		7 两、4 两

注：表里的"○"表示没有。

吉林城兵备

除了营弁的兵备，吉林还有 1880 年清国和俄国之间发生冲突时编制的勇队。

骁勇营步队 250 人，吉胜营马队 250 人。步队由营总双氏当管带，马队由营总连氏当管带。还有抬枪队 50 人。这个营的编制和营弁一样，分前、后、中、左、右营，但单位关系上有不同的地方，即以 10 人为一小队，50 人为一营。如此可能是为了方便，一旦附近有草贼的警报时便能派遣一个单位，也就是 10 个人去应急吧。吉胜营和别的练军马队没有什么不同。抬枪队在城里担任市街警察的任务，他们驻防所的门前贴着拿捕匪贼、严禁赌博等条令。骁勇、吉胜 2 营全在城里。其实那机构就像一个商家一样，只有挂个招牌才分辨得出来，营里的大部分兵都分驻别处，留驻在城里的非常少。

此外，吉林虽然有八旗兵，其编制和三姓、宁古塔等的编制有所不同。本城的八旗，加上蒙古①一旗和鸟枪营一旗编成了十旗制。鸟枪营在省城的南边，其士兵有 560 人，由一个参领统率着。在其他的省城里，我所见到的十旗编制如下：

将军 1 人、副都统 1 人、协领 9 人、佐领 56 人、骁骑校 56 人、防御 30 人、领催 60 人、骁骑 1 060 人。

从这些士兵中征发编制的七起的驻屯状况如下：

头起的营总是英氏；二起的营总是双氏，驻屯长春厅；三起的营总是荣氏；四起的营总是腾氏，驻屯三河屯；五起的营总是陈氏，驻屯从放牛沟大水河到长春厅沿道一带；六起的营总是胡氏，驻屯夹板站；七起的营总是春氏，驻屯南天门。

士兵的编制是官兵 50 名为 1 个扎兰，扎兰由章京管理；5 个扎兰，即官兵 250 名为一起，由营总率领；七起又分成左右两翼，由清国皇帝信任的马队步队全营翼长统率。吉林的左翼长是吉氏，持有 5 条令箭；右翼长是穆氏，持有 3 条令箭。令箭就是敕旨的意思，即信任他的兵权的标志。因而，就算是将军的命令，左右翼长也有不听的时候，如果接到警报，可以凭自己的判断发令箭派兵追讨匪贼。我在该地时，有一天看见街上有一骑士官高举着令箭，由 4 个骑兵保护着飞驰而过。令箭是一块长 2 尺 5 寸、宽 3 寸多的薄板，上了黑漆，画着金龙，一看就知道那是令箭。

我将把我们一行所通过的吉林沿道的兵备做如下说明，以展示它的配置概况。

从三姓到威远堡门一带的吉林沿道之兵备

桦树林子在宁古塔西北 105 里，只有 20 ～ 30 户人家，虽然是个人烟稀少的贫

① 【译者注】如未特别标注，本书中的"蒙古"均指我国的内蒙古。

寒小村，但在凉水河岸边也有民勇驻扎，说明这里在军事上是很重要的地方。我们一行人走过凉水河上架着的小木桥时，看见东北方向有一条通向岔口的路，前方飘着两面红旗，走近一看，一面写着"团练局"，另一面写着"步兵公议团练局"的字样。我早就听说宁古塔到俄国之间开了一条新路，我在想那条通往东北方向的路是否就是新路。我们几个人吃午饭时，有很多人围着看。人群中也有士兵，我们问他有关团练局的事，他刚开始想隐瞒，但最后还是说了实话。他说："凉水河岸边的那条横路是经三岔口通往俄国领土双城子和红土崖等地的车道。那飘扬着红旗的地方是卫戍团练兵，他们是钦差吴大人于1880年招募的500名民人的一部分，在这里驻屯的有30名，其他的配置在三姓、宁古塔道的站驿及三岔口等地。薪俸和营弁一样，1个月4两银子，其中2两已被扣掉作为衣被伙食费了，领到的只有2两。"

额穆赫索罗站驻扎的马队有50名。这个站在额穆赫索罗河的右岸，位于离吉林360里、离宁古塔280里的地方，虽然只有80来户人家，但它是宁古塔、珲春及吉林之间消息情报流通的咽喉之地，所以这里设有佐领衙门，统辖附近的旗人、民人，同时兼管50人的驻营马队。这个马队都是披甲的骑兵，年俸24两之外还可领月俸银7两2钱作为自理衣食、养马等日常费用。兵营里还有见亭子、官仓等设备。我们路过这个见亭子旁边时，里面有士兵二十五六人在练习射击，两个士官在见亭子里，其中一个拿着通牒在记录，另一个观察士兵的射击是否准确。

回旅店后又听见枪声，问旁人是怎么回事。

他们答道："一天要举行两次操练，新式旧样各练一次。"

看来整个满洲改革兵制的日子已经到了。

嵩岭，又叫长官材岭。骁勇前、中营100人在这里设了一个营地驻扎，他们用木栅围成一个边长40米的正方形营地，4个角落各设一个望风楼，门前飘扬着一面三角形旗帜，其边缘有像锯齿似的白色边饰，旗面是红底，又用白字写着"管带吉林骁勇步队三品花翎记名防御骁骑校委营官常"，"常"是委营官的姓，这些兵也都穿着写着骁勇某营的军装，强壮无比。

这个山岭森林蓊郁，日光很少，道路泥泞，自古就是行人、商人的一道险关。加上人烟稀少，草贼盘踞这里放纵掠夺。近年来吴大澂准备开发满洲北部，需要运送供应物材，为了保证行人、商人的往来安全才安置了这个营，基本上达到了它的目的。

退搏站上驻扎的骁勇中营有 40 人。竖着头队、2 队、9 队、10 队的队旗。这些兵是嵩岭的分遣队，我们一行经过这个站往前走时，遇到骑士兵官 2 人带着步兵 30 人回来，问他们出了什么事。他们回答："有马贼的警报，出兵追讨。"看来这地方还不是完全安全的。

下面抄写一节哭不了河的王家店里贴的谕告文，就可见设驻扎兵之意的一斑。谕告文：

管带洋枪步队、花翎尽先即补佐领、防御右翼委营总双共同谕告军民。今年（1885 年）三月初六日，尊奉翼宪，派遣西丹，驻扎巡防，前往嵩岭、退搏站等处搜查围剿贼匪，三月十七日到达防扎，保护嵩岭等地，铲除暴贼，安抚良民，保卫国土（中略），禁止赌博，严禁匿藏匪贼云云。

可是现在的赌博是公开的，士兵也赌博，其之根深蒂固不是那么容易扫除的，因而要断匪贼的根也是很难的。

在大五家子驻扎的骁勇有左营 20 人，本来应是 50 人的，其他 30 人驻扎在离这里 1 里远的北边小城里。

双岔河驻扎的骁勇右营有 50 名，佐领全氏是管带。他的谕告文里也禁止赌博，如果赌博不能禁止，那匪贼的根也断不了。而且将军的谕达中也有这样的内容：让军人驻扎的目的在于保护善良的人民，你们军人自己应该体会这个意义，不可侵犯人民及其财产云云。以上驻扎兵到吉林为止合计 250 人，除了八旗兵 50 人，其他的都是骁勇营兵。

驻扎在大水河的靖边亲军有 25 人，驻扎在义拉什的靖边亲军也有 25 人。驻扎在岔路河的头起有 100 人，这里有个匾额，上边写着"营总公馆"，即头起营总英氏的驻扎处。

驻扎在双杨河的有头起 50 人，驻扎在壹巴丹站的有 25 人。

我们一行住在大三家子时，这个站的士兵也来了 7 个人，和我们住在同一个旅馆里。他们说有马贼的警报，是被派来逮捕马贼的，在这里搜查了 3 天还没抓到一个贼。看来这里还有马贼在骚扰平民百姓。

驻扎在伊通州的马队有 30 人，这里本来叫伊通河站，有理事府、巡检等机关。但是 1881 年改成州，改设知州。本州的旗兵担任保卫州内的任务。这里驻有正黄、镶黄的两佐领衙门，统辖这个地区的旗人、民人，兼管常备兵 2 个扎兰。1

个扎兰由 40 人组成，共有 80 人。他们分别驻扎在本州、壹巴丹站（也叫作壹马）、大孤山站 3 个地方。

大孤山站驻扎的马队有 25 人，赫尔苏站驻扎的头起有 50 人，叶赫站驻扎的二起有 30 人，蒙古和罗站驻扎的二起有 20 人。

以上驻扎兵到威远堡门合计 380 人，包括靖边亲军 50 人、头起 200 人、二起 50 人、旗兵 80 人。

表 2-5　吉林旗兵的福利年俸

官位	年俸
副都统	185 两、养廉金 1 600 两
协领	135 两
佐领	105 两
防御	85 两
骁骑校	60 两
领催	36 两
官兵	24 两，实际上服役时，步兵可再领取 4 两 3 钱，马兵可再领取 7 两 2 钱的月俸

黑龙江的兵备

黑龙江的兵备也受到清国和俄国发生冲突的极大刺激，其结果是兵备面目一新。1880 年这里的前任将军安定上奏从黑龙江的练军西丹 10 000 人中选 5 000 人作为常备军，从京库拨发了 30 万两资金助其需用。让他们分班轮流演习，但由于分班轮流演习的方法出现时间上的间断，因此他们的操练进步并不显著。于是，现任将军文绪于 1882 年改练军西丹为 10 000 人，常备训练为 5 000 人，发给洋枪、洋炮，专门训练，不让他们的训练出现时间上的间断。1884 年又新设兴安组织鄂伦春族人的步队 250 人加以训练，双倍加强了边防军事建设。因此常备训练兵已如表（表 2-6）所列是 5 250 人。洋枪队由 25 个扎兰，步军各旗由 40 个扎兰，练军马队由 26 个扎兰，炮队由 4 个扎兰组成。那些称为步军各旗的是抬枪、扎枪、矛、藤牌、洋枪等混合成的部队，作为纯正满洲固有的八旗军。洋枪队则大改旧面貌，操练全是以西洋为准则，纪律也渐渐建立起来了。马队虽然还未丢下老一套，多多少少也有些改良了，骑马时用的枪已有洋枪了。

黑龙江的兵制，骑兵、步兵、炮兵的最小单位的兵数是一样的，即1个扎兰有防御1人、骁骑校1人、兵50人，扎兰由章京做管带。5个扎兰为一营，由营总率领，营总附笔帖式1名、外郎1名，所以1营总率领5个扎兰、5个章京、5个防御、5个骁骑校、1个笔帖式、1个外郎、250名官兵。两营是最大单位，由统领统率。跟统领的文官有4名，他们管理银两；武官有4名，他们管理军械，还有另外4名武官管理粮食。因此，统领所统率的是2个营总、10个扎兰、10个章京、10个防御、4个骁骑校文官、8个骁骑校武官、2个笔帖式、2个外郎和500名官兵。

1884年冬天，俄国开始侵入满洲北边，偷偷地开凿金矿，俄国人不停地集聚而来。1885年12月，其人数已有7 000多了。当时满洲官衙函询俄国地方官，要求他们禁止俄国人进入清国领土进行这样的暴行，并请求他们号召其人民回去。但是那个地方官反应平淡，也不把它当回事；在不觉得对自己有害时，任其人民放纵暴行。于是满洲官衙派出若干兵去驱赶暴行者，想展示一下国威，却毫无效果。直到俄国官衙感到对自己有害才去禁止时，满洲官衙只有徒然地控诉俄国人的非法行为，愤怒地咬牙切齿。其实可以看出满洲官衙不懂外国形势、没有气概、不敢断然实行等缺点是经常受俄国人蔑视的一个原因。不过这事却也成为满洲官衙加倍紧急建设国界边防的出发点。以前不曾顾虑过的满洲国界线上，每隔若干里就新设25个碉堡的计划已经开始实行了。为了实行这个计划，各城官兵都已分道启程了。

从瑷珲沿黑龙江，到科阿磨尔为止设了5个碉堡，各个碉堡里驻扎着士官1名、官兵20名，属瑷珲副都统管。从科阿磨尔到漠河同样设5个碉堡，属墨尔根副都统管。从漠河到额尔古纳河口同样设5个碉堡，属布特哈副都统管。从额尔古纳河河口越过牛剌河（俄国人把它叫作牛尔河，这个河口有个叫作沃斯纠夫的俄国村庄）到摸力额同样设5个碉堡，属齐齐哈尔将军管。合计士官5名、官兵500名。国境线那么长却只派了500名官兵分驻，虽说现在还勉强能禁止、镇压俄国人入境，但这右岸一带地区本来就有丰富的天然资源，可满洲官衙却弃而不顾，几乎属于无人之地。现在一旦要实行这个计划，从瑷珲上溯到黑龙江上流的清国领土的兵备不只已经就绪，而且人民逐渐移到这里也是必然的趋势，所以在这里驻扎兵是殖民拓地的基础，将来肯定会充分开发这里的丰富资源，促进满洲北部的文明开化。

　　除齐齐哈尔到呼兰的小路上所配置的兵员之外，1884 年清国和法国开战时，从黑龙江到盛京又分驻了练军马队 4 个扎兰、洋枪队 4 个扎兰，1885 年派遣了练军马队 2 个扎兰在巴彦苏苏附近，北团林子旁边分驻了练军马队 4 个扎兰，合计 14 个扎兰。他们和从各城派往国境的 10 个扎兰合起来总共 24 个扎兰，即 1 200 人。

　　除常备训练之外，各城都有八旗的旧组织兵，北团林子、巴彦苏苏等地也各自拥有协领衙门，统辖旗下的民人。通常备有若干马队负责镇压附近的匪徒，保护人民安全的任务。旧制兵备之中瑷珲有 40 名、齐齐哈尔有 80 名、墨尔根有 40 名、呼兰河有 24 名、呼伦贝尔有 26 名叫作前锋营的士兵。他们和我国的宪兵一样颇有权力，有死囚的话，他们就当处刑者；有外国人来的话，必定派他们去旅馆当警卫。

　　以上所述的黑龙江兵制目前还在改革中，虽然分歧杂乱，几乎无法辨认，但我去将军府那天，抄了一张常备训练的配置表格，拿着它到小路上和实际配置比较了一下，做了实地调查，总算确认了其真实情况。

　　从表 2-6 可以看出该省兵备的一个侧面。

　　以前，满洲是以武兴国的，尚武之风现在还未湮灭。渗透了自古以来的习惯的士兵队伍也很清楚八旗的组织，哪座城里有哪几名官、有多少士兵，都记得。在向外国人介绍时他们都颇感自豪。但是随着南方人的北迁，渐渐地他们免不了被染上铜臭味，这是我们万分痛惜的事情。尽管如此，他们还知道自己的兵制，又令我们不得不感到惭愧。这些士兵都服从西洋式的纪律，熟练西洋式的操练，只要把颓废了的尚武之风振兴起来，就能负起保卫和俄国相连的北方边疆的任务，勃兴大清帝国祖先并恢复其名誉，使之得以永久保存。

表 2 - 6　黑龙江常备训练兵备表

	原设驻防兵员				出兵员				驻防兵员			
	洋枪队	步队各旗	练军马队	炮队	洋枪队	步队各旗	练军马队	炮队	洋枪队	步队各旗	练军马队	炮队
瑷珲	10扎兰	6扎兰			2扎兰				8扎兰	6扎兰		
墨尔根		4扎兰				2扎兰				2扎兰		
齐齐哈尔	10扎兰	10扎兰	20扎兰	4扎兰	7扎兰		15扎兰	20名	3扎兰	10扎兰	5扎兰	180名
呼伦贝尔	5扎兰	5扎兰			2扎兰				3扎兰	5扎兰		
布特哈	5扎兰	5扎兰	6扎兰		2扎兰				3扎兰	5扎兰		
呼兰河	5扎兰	5扎兰					20名		5扎兰	5扎兰	5扎兰 30名	20名
兴安		5扎兰								5扎兰		
合计	35扎兰	40扎兰	26扎兰	4扎兰	13扎兰	2扎兰	15扎兰 20名	20名	22扎兰	38扎兰	10扎兰 30名	200名
兵员	1 750名	2 000名	1 300名	200名	650名	100名	770名	20名	1 100名	1 900名	530名	200名
兵员合计	5 250名				1 540名				3 730名			
备考	此表记录的兵员只是兵卒的人数，将校下士等将在兵制书里详细记录，在此省略。											

征兵法

黑龙江的征兵法虽然很杂乱，但它是把披甲、西丹两种兵合起来征集的。男子一到 15 岁就要负起兵役的义务，到 45 岁完成兵役。1877 年之前，假如一个家庭只有一个男孩也必须服兵役。每年二月和八月两次招兵操练。也就是 1877 年，改革兵制时，废止了这个制度，改成有 2 个或 3 个男孩的话，1 个服役；4 个男孩的话，2 个服役的制度。

如上所述，八旗的兵制还存在，因而男子到了当兵的年龄时，一年要应召两次，接受考试。合格的称为披甲，加入八旗的额兵。常备训练的编制从不及格的西丹里挑选组成。

黑龙江位于沿岸的各城里都有江军水师营的名称。虽然至今还存在，但其实只是征召人员搬运粮食而已，本来就没有起到应付海战的作用。但将来到了普及汽船、新编制水师时，旧水师营的旗人、民人壮丁肯定都自告奋勇服役。不过现在的水师营还没有什么势力，所以在此无须详述。

薪　俸

如以上所述，黑龙江的兵制因其之杂乱，很难正确掌握其供应等事项，令我万分遗憾。但其大概的做法是当物资快没了的时候，就地随机应变动员人民，好像是根据当地的物价高低而供应的。我在墨尔根时，正是从那里向引起清俄两国谈判的沙金场派兵开拓新路的时候。我问了问他们的报酬，说是每个月 5 两银子，之外还有冬衣和粮食，5 个月不缺勤者能得奖金 50 两。这本来是采伐森林、铲除刺荆、驱逐虎狼的艰难任务，其任务绝不比上战场轻，所以其他军队是不可以拿这个数目为基准的。在黑龙江保护我们一行的护卫兵的日薪大概是一天一吊，下面两表列出他们大概的薪水。

表 2-7　步兵薪俸表

官位	年俸	口分
统领	480 两	银 150 两
营总	250 两	银 16 两
扎兰章京	105 两	银 12 两
步兵	月俸 3 两	

表 2-8　马兵薪俸表

官位	年俸	口分	俸米
一位大人（指副都统领摸仁等）	800 两	240 两	1 石 5 斗
协领	580 两		
佐领	85 两		
马兵	月俸 5 两		
备考	马兵每年另外发给养马等费用 22 吊。满洲各城各地的富豪都各自发行纸币，因为政府和银行没有发行统一的纸币，所以各地银货的价格也不统一。以现在瑷珲的价格来算的话，银 1 两（16 斤）等于该城纸币 3 吊 500 文，1 吊相当于我国的 40 钱。现在步兵的薪俸换成纸币的话是 10 吊 500 钱。营里七八人合起来雇个厨师做饭的话，一个月的伙食费大概是 5 吊，剩下的一半多一点就可用于被服等其他方面了。本地一般士兵上告的事情大多是贪污俸薪的内容，现任将军受到处罚的也都基于这些原因		

从齐齐哈尔到呼兰城的黑龙江沿道的兵备

我们要讲黑龙江沿道兵备的话，首先必须讲红胡子是什么。因为他们的残党多在黑龙江，吉林比较少，所以在这里陈述比较合适。所谓的红胡子是以前没有钱财的贫穷恶汉的乌合之众。他们用红马毛或是红色的线做成假胡子，戴着它闯入寻常人家恐吓威胁，夺取金银物品，因而得了这个贼名，直至今日。

近年来被称为马贼或红胡子的人却是满洲的豪贼，他们是带着锐利武器、骑着马横行霸道到处掠夺的匪贼。贼魁叫韩边外，名响四方，威达远近，割据了吉林松花江上流200清里，锄强扶弱，以安抚拥有附近的村落为条件服命于吉林将军已有几年了。这里有两个沙金场，一个叫南金厂，另一个叫东金厂，又有锻铁场、制造戎器、烧锅酿酒等行业都被他们占有，自成一郭，其势甚盛。

满洲有一种早晚会出大事的前兆。近来清廷尽力打破了以前的陋见，他们觉悟到要开拓满洲，要建设国防边境，于是任吴大澂为吉林边防钦差大臣，将迁移内地人民、扩张对俄国边防军事设备的大权交给他。于是吴大澂上任那天，就只身奋勇访问了韩边外，教谕他大义名分，讲解世界形势，用这种策略让他归顺；并宽大对待他，除了沙金场以外，所有村落的锻铁场、烧锅酿酒厂等都归他所有，财产、政策两大权利也委任于他。作为归顺的象征，他每年向清廷交纳若干贡租，直至建立了管领的特制。

韩边外也颇自觉，一改以前的旧面貌和旧思想，感谢朝廷的宽大恩典，坚守管领该地方行政的特权，废止开发沙金场等事业，逐渐教谕其手下的匪贼走上正道，让他们自食其力，自力更生，不改的匪贼一律赶出去。何况吉林的道路逐日开发，守备越来越严，已经失去了匪窝之地。这是吉林马贼少而黑龙江马贼多的一个原因。

如上所述，被其头目赶出去的无赖残贼完全脱离了头目的管理，将匪窝移到呼兰附近，又推戴了一位头目，形成骑马队伍，放纵掠夺。我们一行人从齐齐哈尔取近道要去呼兰时，清廷官吏极力拒绝说："现在胡子势力猖獗，不知什么时候出没，几乎没有商人往来了，取近道的话难保不出事。"以此来控制我们的目的。暗地里设障碍，施狡黠的策略。当时经常听到呼兰一带马贼嚣张跋扈的消息，但我还是不想走大道，而宁愿冒险走近道，我相信这会更有收获。我想通过走代表黑龙江富源地区的呼兰城的要道，侦探殖民地兵备的实况及胡子的实际状况。如果不走小路，就得不到这些情报，所以我坚决主张要走小路，他们终于被我说服了。我将叙述在这里沿道上的亲身经历及所见所闻，以示胡子和官兵的情况，以及人民安堵的状况。

胡子虽然长年盘踞黑龙江，但今年二月突然增加势力横行四方，欺压良民尤甚。因而人民人心惶惶，一见携带武器的人时，首先把他们看作胡子。这是因为这里的官兵没有固定的制服用以识别，以及这里的政府允许行人携带武器。该地的官衙设严刑捉拿胡子，一旦捉到，马上就地处刑，枭首示众是剿灭他们的好办法。实际上我在该地的四门外都看见了枭首。如此的严刑都还断不了他们的来源。砍下一个马贼的头，就出现另一个马贼，只不过是砍枝割叶的方法而已，这完全是因为没有研究如何灭绝马贼之根源。

我们一行人刚到达老西儿店，就有带着警报奔向省城的马兵也来到这里，和这里的戍兵讲："双榆树附近的马贼气势甚凶，现在正在和官兵争斗，因而到黑龙江去请援兵。"

我们一行人还在黑龙江时，从巴彦苏苏来的一个客人说："两三天前双榆树附近来了 50 个胡子，杀了 300 个官兵。"

我当时以为又是清国人的夸张，但这样的事就算是误传也不是完全没有根据的。我们的护卫兵们一接到这个情报就大惊失色，犹豫不定，请求我们："请在这里住一夜，等得到下一个情报后再出发吧。"

满洲人实在是很怕胡子的。沿道频频有这样的传闻，走小路的商人们很多都在路上慌张犹豫。看见我们一行走过，跟着来的人很多。可以想象得出商人的惊惧。有钱人家、烧酒酿造厂等都在房子的周围砌土墙院子，又在院子的四角建筑他们称为炮台的瞭望台，瞭望台筑有枪孔，这里有手持抬枪的佣兵日夜交班防贼。从远处看好像是城垒。

我们一行到达小庙子那天，住在一个酿造烧酒的商人家里，和佣兵 9 人交谈时，他们说："小庙子以西 12 里的地方，有个老袁家，4 天前 12 个胡子来突袭时，附近的人听到骚动，马上去告诉蒙古兵（蒙古八旗的人们），他们都是勇敢善斗的战士，把 12 个马贼全杀了。把其中两个人头挂在小庙子的南端示众。但有人把这人头拿走了。"我想应该是同伙的行动。

离呼兰 40 里左右的一个叫作长山堡的地方，只有六七家的破房子，赤贫如洗。我们一行一到这个堡，护卫兵就被误认是胡子，男女老少争先恐后地逃跑。

护卫兵大声叫："我们不是胡子，是官兵！"

他们才安心地各自回家。

这天特别热，护卫兵们想让马喝口水，把车子拉到一户人家门口，家里只有一个 70 多岁的老头，其他的人都跑掉了，可以看到这里人心惶惶。过了一会儿，这家的儿子、媳妇才回来。

他们说："昨天有 30 多个胡子骑马从村前路过，打扮得和官兵一样，也有戴着有顶子的官帽的。他们路过这个村到邻村去大抢大夺。我们住在贫穷的村子里才侥幸逃过了灾难。现在到处不安，夜里无法安睡，妇人女子天一黑就进山里藏起来，直到深夜才敢回家。"

我们一行人从齐齐哈尔出发到呼兰这段路，护卫兵们在我们出发前先走一段路，在这路上布置散队，警戒四方。这样的防备要进行两次，可见官兵都害怕匪贼，这才知道清国官员拒绝我们走小路的原因。

请看以下依次列出的沿道兵备就可证明我所经历的绝不是无稽之谈：

老西儿店驻防练军马队 1 个扎兰。

头屯驻防练军马队 1 个扎兰。

三屯存驻防练军马队 1 个扎兰。

其他和这 3 个屯子合起来共有 5 个屯子，各散五地，但总称为恒升堡。从黑龙江到这里，一路上越走土地越肥沃，人烟越多，加上这里有 100 个驻防兵，委派博营总统率附近的驻防练军马队 250 名。

河家屯驻防练军马队 1 个扎兰。

小庙子驻防练军马队 1 个扎兰。

双榆树驻防练军洋枪队 1 个扎兰。

合计 6 个扎兰。

以上由黑龙江出兵。

呼兰到三姓

卢家山驻练军马队 20 名，由呼兰出兵。

白杨木驻劄后路左营马队 2 哨 100 名。

四站驻防后路前营步队 50 名。

三站驻防后路后营步队 50 名。

四站和三站由三姓出兵。

合计 220 名。

以上是从齐齐哈尔到三姓沿道的驻防兵，合计 520 名。其中吉林的兵有 200 名，所以黑龙江分遣的有 320 名。

营 房

常备练军驻防以来，各地都设有营房，也是和编制单位的分配差不多。三地虽然几乎是一样的，但各营现在火药库和营门等地都还没有布置步哨站岗。

以下是我在黑龙江、吉林两地各城见到的情况，可见其军备状况之一斑。

黑龙江瑷珲的兵营在城的南门外市街的西端，兵营的四周用木板围着，成各边40间的正方形营院，门在南边，兵营是黏土建的，又低又矮，门是用左右两块木板拼设的，共有6栋。各个房间都有烟筒，虽然并不太壮观，但还是有兵营的气氛的。营的四角各有白、红、黑、蓝的大旗在飘扬，南门又竖着一面军旗，写着"精锐营"。平时的演习大多在营内进行，也进行不装弹的射击练习。

墨尔根城内有4个兵营，配置在城的四角。各营房是用黏土涂的，和民间房屋一样。比瑷珲的兵营更简单，演习或射击训练都在营房前的空地进行。

齐齐哈尔的兵营分两区，与东营相对的西营在市街的南新城官道的右侧，拥有马队及杂技队，由高3米多、长约300米的土墙围着。里面又分成两部分，南边开着两个门，左边作为杂技队的营房，中央竖着一面军旗，写着"壮武威"。兵房左右各有10栋，正面是统领的官室和武器库，用黏土造的，都有烟筒，看上去有些兵房气氛。马队营也和这里一样，没有马厩，只是在营房外边立了几根木杆用来代替马厩。东营也在市街的南边，这里有洋枪队，兵房的结构和西营一样，南边开着门，飘扬着"精锐营"和"威远队"的军旗。兵房12栋，统领室在正面，武器库里备有同治年间制造的黄铜16磅的滑膛炮6门，演习练武都在郊野进行。

呼兰的兵营在市街的东南端，副都统衙门的前面，方形，围着100米左右的土坯墙，两侧各有3栋，正面有1栋官室，共7栋，院门开在北边，兵营的结构比较矮小，用黏土建造的。我们参观了洋枪队30名士兵的演习，以及杂技队表演和抬枪队的空弹演习。马队营在衙门的左侧。

巴彦苏苏的兵营在市街中协领衙门的土墙院里。南北200米，东西510米，院内有10个兵营，是用黑色砖建造的。一个房里可容20名以上的兵，挺体面的，南门的两边系着40匹军马。

三姓的营房在松花江下流右岸离三姓城30里的地方，建筑方式和上掖河的营房没什么不同。驻扎在城里的士兵只有若干副都统亲军八旗马队，其他的都散住各地，他们没有固定的兵营。

宁古塔的营房在城北60里掖河小河的谷地上，称为上掖河营房。它的东边通往俄国要塞双城子，离三岔口大概600里，它北边15里的地方是桦树林子，新殖民地的第二大村，确实是东方折冲的要地，这是吴大澂新建的地方。我没法亲自观察营房内部的状况，只是远远地在路上观察，有 6 个营房，从掖河小河左岸的丘岗上沿着斜坡排到山麓，因此从这个谷地到控制牡丹河畔道路的营房相距大概 300 米。各营开了东西两门，筑有高大的钟楼，眺望城郭，其周围是锯子形状的土坯院墙，院墙的前后长约 150 米，两侧约 100 米，兵营全是黑色砖建筑，颇为壮观。宁古塔有八旗马队，即副都统的若干亲军，没有其他的兵营。

额穆索站的营房在市街的南边，营中飘扬着一面军旗。这里是珲春和宁古塔的两道扼要地方，所以修整大道，新建桥梁，铺装方便马车往来的小路，商人们日益集聚，这里将可成为繁盛的城市。

吉林城的旧安字营在对岸松花江右岸平地上，营是四方形的，各边有 120 米，围了土墙，挖了城壕，南北有营门，北门隔着江正好和将军府相望。其 4 个角落堆积着木制的哨楼，垒墙也都坏了，看上去很粗陋。院子里有 10 栋兵营，分别排列在门的左右，中央有 1 栋官室，统领以下的官都住在这里。各个兵营的后面都排列着 10 个饲养桶，竖着挂拴马绳的架子，就算是马厩了，连防风避雨的设施都没有。

我们被引到营房时，士兵非常杂乱，士官带着我们到中央的统领室里，门外放着军鼓，佐领岳林庆等两人来接名片，态度殷勤。用俄国制的茶壶烧开水冲绿茶请我们喝。随员把我们的来意告诉了佐领。

佐领回答说："统领去了将军官邸，不在营里。"

随员感到很困惑，就把将军的意思告诉了佐领，请求让我们参观兵营演习练武。他们谈了一会儿，佐领问："日本国在哪里？"

我仔细地告诉了他。

统领室大约一间半，炕上铺着席子、放着寝具，这些寝具都可以放在马鞍上，炕上有 6 挺温彻斯特骑兵枪，没有其他东西。接待我们的房间也就是这两位佐领的寝室，除了官帽、寝具、枪剑以外没有其他东西。兵营虽然全是用黑色砖建的，但没有规格、没有装饰，见不到士兵的话，几乎和民房没有区别。每个房间分 3 个部分，中央有个台子放着大锅用来作为炊事的地方，左右房间又各自分成左右两部分，两部分的中间是没铺装的地板，左右是炕，铺着席子，卷放着寝具，大家睡在一起。第一排是下士房，有 12 人，这房间里挂着温彻斯特骑兵枪及前装式手枪，没有施条。一般士兵带的都是这些武器。兵房左右各有十二三人，即 1 个兵营应该是二十四五人。现在这个营共有 250 人，士兵的武器全是来复式骑兵枪或仿造的来复式骑兵枪。

一说想看练兵，就以统领不在的理由来推辞。随员责备说这是违背将军的谕示的。佐领终于命令一个下士进行骑马演习，这时有人报告统领永氏回来了，佐领马上小声命令："不要说！"

如此就避开了和我们的见面。

一个下士牵来白马，背着骑马枪在场内绕了一圈，做了骑射演习，以此为计应付我们。

佐领说："没有其他技术了。"

旁边有个没戴官帽的白发的人，即统领本人。

我们告辞后到达码头时，统领率着几十个骑兵来，骑着马从长 4 间、宽 1 尺多的栈桥上走到对岸，像在平地上骑马一样安稳，从对岸骑回来时也一样。

吉胜骁勇等兵营都在热闹街市区，因为见不到招牌，也就没有兵营的样子。抬枪队的营前备有 3 挺抬枪。以上 2 营没有设步哨，只是看见挂着个某哨的招牌而已。

表 2-9　黑龙江、吉林各城火药库及谷仓一览表

地点		火药库数量	火药库位置	谷仓数量	谷仓位置
黑龙江	齐齐哈尔	12	东门北边 400 米外墙右边，每栋长 2 间①，宽 1 间半	80	市街外西南 300 米的土墙院子里，黏土建筑，稍颓废
	墨尔根	不详		30	市街东南端用木栅围着，黏土建筑，稍颓废
	呼兰	1	城东 1 里呼兰口子返还道路的左侧，黑色砖建筑，宽 2 间，长 3 间	72	市街东南呼兰河北岸并列在方形 300 米土墙院子里，构造如上

① 【译者注】"间"为日本长度单位，1 间 =1.818 166 6 米。

（续上表）

地点		火药库数量	火药库位置	谷仓数量	谷仓位置
吉林	吉林	2	西山脚下新城官道右侧，砖建筑，长6间，宽3间	30	巴尔门内左侧，砖建筑，规模宏大
	宁古塔	不详		8	本城东门内右边，砖建筑，长5间，宽2间
	三姓	1	城的北门内右边，全是砖建筑，长5间，宽2间	8	城南2里，叫永丰仓，长6间，宽2间，木造
总计		16		228	

第三章　吉林机器局及火药制造局

　　机器局在吉林城的东端，松花江左岸平地上，和火药制造局隔江相望，两座建筑都极为壮观。该局是光绪初年吴大澂所创建的，现在属将军直辖。局内的机器几乎全备有，只差 2 台蒸汽锅炉，但蒸汽锅炉也已经到达牛庄港了，等冬季路上的雪化了就马上会运来。现在有总理 1 名、助手 1 名管理监督局内一切事务。总理是佐领宋渤生①，他在美国留学过 5 年，专修兵器学，人很温和，接待也很简洁。该局看来成立时间还不长，虽然现在还没全部完成，但它是以逐步建立完整设备为目标的，将来一定能成为提供满洲全军武器的设备齐全的机器局，这个可能性今天已经得到证明了。蒸汽锅炉运到的话，全部就有 4 台了，大型的马力 80、中型的马力 60、小型的马力 40。现在职工有 500 人、大小工厂 6 个、材料库 2 个，还有电机火药 2 局。门的正面有接待处，门的左右有各种事务所，接待处的后面有 4 个职工室，院子的外面西侧也建造了 8 栋同型的职工室，都是长 13 间、宽 3 间，想来是准备日后增加职工的。

　　我向总理宋氏询问了一天的制造量，他说骑兵枪和抬枪各 30 杆、快炮的子弹 20 000 发、步枪的子弹 30 000 发，还可以熔化很多圆形子弹。

　　参观工厂的时候，宋氏问："要从哪儿开始看？"

　　我说："按照您的指示进行吧。"我想试试他的度量、才识和开明度。

　　他先带我去了西厂的步枪工厂，让我看了抬枪及中心打、发乞围斯骑铳，因为都是该局制造的，所以称为吉林枪，刻有"吉林机器局"的字样。我要求宋氏命令出示小枪的职工拆开小枪的各个零件，但得不到他的批准，我觉得他是想避免详细地解释内部的构造。一看这个职工的容貌动作就知道他是关内人、一等职工。做小枪穿孔的人只有他一个，其他的职工大多是制作抬枪的，现在做好的有 14 挺，是改造旧枪打制而成的。这个车间开动着 40 马力的蒸汽锅炉。

　　接着到第二个车间，那里有 60 马力的蒸汽锅炉，是该局的第一等车间，排着

---

　　①　即第 36 页的宋卜升。

4 列机器。第一列主要是制造抬枪的小机器。第二列有一台铜制的药筒卷机器，其他制筒机器、钳管器各有 8 台，都是十二三岁的男孩在操作。宋氏说本来用少年是为了培养优秀的技术工，但看不到实际的效果，可体会到他那急切的心情。第三列的机器还没备齐，因而没开工。第四列全是熔化圆形子弹的地方。子弹的尺寸比我国的四勾筒用的要稍大一点，这都是供小枪平时射击用的。抬枪的子弹就大一圈了，但看不到熔化它的机器。旁边有两台切割环式快炮，制造形式不大一样，一台的筒心是用钢铁造的，外表用黄铜厚厚包装着，炮口的直径和小枪一样；另一台虽然也差不多，但口径稍大，和抬枪一样，也没有施条。宋氏亲自操作机器而且很骄傲地给我们解说了这种炮的技巧。这些机炮毫无疑问是为珲春等地的炮垒准备的。

接着，参观了木工锻铁厂。这是两个工厂，一栋建筑物分成两边，北边一班锻铁，南边一班是木工。宋氏首先带我去了木工那边，之后好像不大想让我去锻铁那边，我也没有勉强请求。在去木工班的途中，我亲眼看到锻铁厂所有烟筒，是铸造抬枪的筒的。他们没带我去参观锻铁厂可能是因为每天所造的数量和刚才讲给我听的不一样。木工班职工现在的工作是制造各类箱子、人力车、官车，还有抬枪和小枪的台木。抬枪的台木质量有软、硬两种，硬的好像是俄国多产的白桦，这个叫段木。我问起小枪的台木，宋氏拿出两三挺，说："这里用的都是吉林附近山林出产的胡桃树，但是这些木材的质量都不算很好。"

由此可以想到吉林的山地到处都出产质量很好的胡桃树，但他到现在都没有想到要挑选优良的精木。我所经过的长官材岭及老爷岭尤其盛产胡桃树，所以我想吉林机器局的选址非常好。我把这事情讲给宋氏听。

宋氏却说："当城附近的山林里，没有适合做小枪的木材，不知如何是好。"

直到现在我都不知他说的到底是不是真话，不知其意，更不用说问是否多产适用炮车的木材了。

工厂都是用黑色砖做成的，房顶没有铺瓦而且很低，不透光，地上铺着木板。窗户都是纸贴的，不用玻璃板，所以特别暗，很伤眼睛。但是，必须要透明的地方就用玻璃板。这是因为此地距离港口特别远，不方便用车运送玻璃。从此可以看出，他们很用心地节省经费。工厂的一边长约 300 米，整整齐齐，一眼就能看出它很有计划性，而且可以推测出它很有潜力。这些计划都是由总理宋氏指挥而成的，完全没有用西洋人。再看看窗户和墙壁就知道他们对木材的使用非常从容。这种建造工厂的次序尤其可贵的是，以逐渐地完成目的而一步步走上使用的成功之路，这是非常值得称赞的。

走进第二间房间，看到很多圆形的子弹，觉得很奇怪，就问宋氏这是用来做什么的。他回答说："这些全是平时射击练习时用的，真正打仗时才用长形的子弹。"

我很想知道他们有没有新造抬枪的计划，顺便想探探这位总理的思想倾向。我说："以现今这个时代，为什么还要制造这些没用的抬枪呢？"

一听这话，宋氏突然变了脸色，十分生气地反驳道："小枪的话，是要在近距离才有用的，远距离的话，没有抬枪是不行的。"

在以文明闻名世界的美国学习技术归来的总理还抱有如此的妄想，真是可笑之事。他还遵官命制造这些已经没用的武器，实在不可思议。满洲八旗下的人在评价武器的功用时，一定要看是否拥有抬枪。尽管手里拿着施条枪，还不免要夸赞抬枪，这是满洲人的弊病，连总理的思想也和一般人一样。在这个房间里，还看到25发炮弹，看上去好像是俄国巴欧库夫斯基式的。可是这个房间里没有那种炮，所以不知道它的形状，也不清楚这些东西是用在哪里的。以前，俄国的参谋大佐巴拉巴什的报告书里写到珲春备有这种炮。我现在问驻扎在该城的武官，他们却说现在一门都没有。这应该是可以相信的。很明显吉林没有中炮队的编制，因为能够称为这种炮队的组织驻扎在上掖河，有可能是大佐看错营房兵的衣服颜色，误认为是炮兵。但是，不可忘记这座城市里有一些钢铁炮。

在吉林，八旗士官说发乞围斯枪只给下士以上的人用。有一天，参观安子营的时候，调查了一下是不是确有其事，果然如此。但是，看看从吉林官道运送到珲春、宁古塔等地的弹药箱，那些数量若只是给下士射击使用的话，未免太多，可能是要存到仓库里的。纯铁、钢铁全靠进口，都是经过牛庄港从陆路运送过来的，主要是走雪路。现在，靠远洋外国产，其费用哪有不贵的？但是，长白山山脉铁矿丰富，又有上等质量的木材源，一旦到了开矿伐木的时候，就不存在后顾之忧了。听说煤炭是松花江上游200里的地方产的，产量也非常大。现在这个工厂内，我就看到有两处堆积炭的地方，炭的颜色发灰，没有光泽，都是小颗粒，不见有大块的，这应该不是最好的东西。这个工厂里一天炭的消费额是6石。从上游用船运下来，在两局前面搬上岸很方便。

我刚进入工厂的时候，想知道小枪的制作量，但这出乎我的意料。制造枪身的只有一个工人。其他小机器制造的大都是抬枪的附属零件。所以，宋氏所说的小枪、抬枪各30杆的话，我还是不太相信。只有会操作整套设备的职工全在工作时才能制造出他说的数量。我想了解职工的级别和工资，便问宋氏熟练工的工资有多少。他说只有几十两；又问工作的时间，他说是根据白昼的长短而时间不同。他如此暧昧的回答让我感到十分不快。他是为了不想让我们详细了解内部情况。

我观察了一下职工们的举动，以此来判断他们有没有学到西洋的规矩。我们一进工厂，他们虽然一下子都往这里看，但手都没停，安静地工作着。他们的行动敏捷而灵活，不低于我国的职工。其中，好的工人是从天津来的，其他的大多是本城人。我走过了整个满洲，直到这里才第一次看到如此有纪律的人，这是因为这个机器局是按等级来划分工人的。

机器局的周围是由一些稀稀疏疏的树木围成的，并没有进一步去追求外表的美观。只是南门稍微壮观一些，正门的"吉林机器局"5个大字是吴大澂以篆书题字的，这个匾额挂在正门口。接待处同样也挂着吴氏的篆书匾额。那右边有枪架，挂着数挺美国制后装式枪。宋氏说在当局制的小枪全是依照这种方式的。左边的墙上挂有清国译的世界地图，其两侧各安置了一个座钟，座钟旁边的象牙书箱里摆着《资治通鉴》。房内看上去很整洁，很可爱。

我相信该局现在雇用的职工人数为350~400人，所以我肯定每天所制作的枪支数量也不会超过总理宋氏所说的1/2到2/3。但是，我所视察的该局，它的组织计划是远远大于眼前看得到的，这是毫无疑问的。更不用说大小两个蒸汽锅炉已经在牛庄上陆，准备冬季运送了。我实际见到的新构想的工厂，马上就要竣工了。该局将来的目的是改革整顿全满洲的军用枪。营房下士已经携带着这里制造的吉林枪。不只如此，现在整个满洲的人都相信后装式枪是比较厉害的。实际上它也确实在发展，护卫兵有时也有带着快发枪的，他们属于比较富裕的人，自费买来，向他人夸耀自己的名誉。他人也都很羡慕这种武器。这种武器都是从牛庄或俄国领土符拉迪沃斯托克偷偷买回来的，都是美国温彻斯特式的东西，几乎传遍了满洲，没有看不到的地方。凡是在满洲有信用的镖局都用这种枪。从这足以看出满洲人多么迷信后装式枪。

机器局的对岸高岗上新建了一个火药制造局。用白色的瓦围成围墙，用蓝色砖建了3个车间。东北角高高地竖立着一个大烟囱，一眼望去，极其壮观。这个工厂是在城市的东南方向，和城市斜对着，它比整个城市更气派。它的西边有个小院子，用白色砖建成，看上去十分牢固，应该是弹药库。我对宋氏讲想参观该局。

他说："这个制造局是本年度开始建的，还没有竣工，尚未开始制造火药。"

宋氏身为总理，应该知道详情，但我忘了问他火药库的计划。看来机器、火药两局完备了的话，整个满洲的枪支弹药就不需要由内地输送了。在满洲的中央地区设这两局，要确立其独立不羁的基础，计划将来的繁盛，这个蓝图是确定的。这是不能用以前的眼光来看满洲的一个确凿证据。现在在这里把吉林机器局的情况略记下来，以证明上面所说的是真实的情况。

吉林地处东北满洲的中心，对于边疆来讲，它是策源地，最近边防的局势日益紧张，这座城也就变得越来越有战略意义。它的东边有三姓、宁古塔、珲春、南岗子等，筑堡垒，设置精兵，以备边防急务。日本海沿岸一带的地区已经被俄国占领，要海运枪支弹药等又不能靠它，不得不全靠牛庄的陆路，可知其事业之艰难。一旦兵马相戎，怎样能够达到应急的目的呢？机器局、火药制造局的建立是受了俄国边疆的刺激的结果。不能不说这是开发满洲的一个机遇。

吉林位于松花江边，其上游的各种矿物丰富，而且又富有充当枪身、车台、舰材的大量木材，所以在这里建这两个局是很有地利的。江水流经满洲的东北部，通向吉林，到吉林已经深到可以通船了。听说 10 年前，即光绪元年（1875），俄国的一艘汽船在东水门处停泊。伯都讷、呼兰、三姓等地有火轮船往来。据我推测，这个水路是沿西北嫩江，经过齐齐哈尔，再到墨尔根的。齐齐哈尔、墨尔根已经编制了江军水师，经常开着大船上上下下，因为说到底这个水路是和黑龙江的水运相连的。所以可以说，吉林制造局既占据了满洲水运，也控制了经济命脉。只是东边宁古塔一带有老爷岭、长官材岭等岔道，虽说不能靠陆运，但可以依靠与额穆索相接的牡丹江水运。宁古塔到三姓之间的河水所流经的地域，虽然要经过所谓的有名的峡谷，也有不少浅滩暗礁，但松花江上一旦有火轮船到来，该水路也就可以说有通行汽船的机会了。其间，水运之路已经开通，有不少船舶往来。其将来不可估量。吉林、奉天之间已经有较为成熟的陆路运输通道，由此可以看到整个满洲运输的方便性，仅仅除了若干地方之外，大多数地方都是经该水道和各都城相连的。吉林本来就有船厂，能够通行汽船的日子还会远吗？更不用提开凿金矿之事。这些事业真是未曾有过的英明决断，真可谓确实脱离了旧的一套。不管怎么说，因为满洲是大清王朝祖先的发源地，所以开凿金矿是国法所不允许的。不仅如此，在民俗中也会觉得这是对祖先最大的不孝。但是现在终于可以开凿金矿，若是开凿成功，满洲的开放就只欠东风，迟早都会达到成功的目的，这又有何难处呢？

第四章　风俗习惯

　　所有满洲人的风俗习惯几乎是一样的。但是如果要详细论述，自然也不能说没有区别。我根据现在描述的一些抽大烟状况就可以预测满洲人的未来。把抽大烟的坏习惯带入满洲的是那些高级武官，并非南方移民。凡是正当壮年的武官，他们都领到很多俸金，但是俸金没有其他用途，所以都用来抽大烟，以换取快乐。偶尔有在战争中受伤的患者，医生也会建议他抽大烟。这些武官一旦期满退役返回故乡，这个习惯不但改不了，反而向乡党夸耀。乡党子弟们也醉心于这些武官的荣耀和快乐，就逐渐和他们亲密地交往起来，大烟就变成了不可缺少的物品。举例来说，齐齐哈尔的护卫兵经常向我劝烟，我不厌其烦地谢绝。

　　我说："吸大烟在我国是严禁的。我国没有人知道大烟是何物。"

　　他们听了我的话也好像耳旁风一般，能理解我意思的人很少。真是可怜得可笑。

　　过了黑龙江进入吉林时，稍微感到人们有些不同，到处都贴着东洋秘方大烟消毒剂的公告书。公告书中写到一个医生去日本，取得了消毒秘方回来等事。抽大烟的人也都尽量在吃这种药，努力戒烟。特别营房的兵已不准在营房里抽大烟了，但长期的习惯一朝一夕又怎么能轻易戒掉呢？实际上，损害满洲固有的活力的东西，不是别的，正是这些大烟。现在，烟毒已经蔓延到了北边，除了农村之外，城市中没有不设烟房让人抽大烟的。抽大烟的人一般都是家庭水平在中等以上的，或者是无赖流浪汉。最近政府不停地想断绝抽大烟的毒害，各地都贴着告谕纸，课以严苛重税，限制种植大烟，但还是不起作用。因为种大烟比其他任何作物利润都要高。比如种一亩地的芥子，大概能得100两的大烟（16两为1斤），1两的价格大概是40钱。所以，听说新移居满洲的清国人，都纷纷逃过法网，偷偷地种植大烟。我自己也在沿路经常看到这种光景。依我的看法，在满洲的这个祸根会随着军队的进步，即随着西洋法律的出现而自然消亡的。以目前的形势来看，满洲的未来方向已经明显地走上了军事改革的道路。满洲的风俗非常淳朴，还存在一些尚武的风气，却又不能不带着铜臭味的弊害，这都是清国移住民所致，是满洲人最大的毛病。不过他们还是蛮天真可爱的。无论男女，大家都会觉得自己是皇帝的亲兵，不但心中感到很满足，而且常对别人夸耀。母亲、姐姐们会告诉她们幼小的子弟们，他们是属于什么旗的，并教给他们："人家问你是什么旗的，你就照此回答。"

比如是正黄旗的话，似乎就拥有着无限荣耀，非常自豪。上下服从的传统真的是非常尽敬爱之道的。所以旗人的基础最重要的就在于军队的建立，何况他们的体格强健、有活力，非常能够吃苦耐劳。很奇妙的地方是，他们不像某些清国人一般顽固自大，富有进取精神。这种区别我经常在和护卫队的接触中感觉到。有一件事我想讲给大家听，有某个下士醉心于我们手枪漂亮的外形和携带的方便性，一到休息的时候就一定来摆弄它，而且会带着我们的枪在众人面前装着比画比画。那个样子真是天真可爱。他们又经常要求我把我自己的后装鸟枪和手枪给他们看看，又问城市的人是不是很多都持有这些枪，或者营房里是否都用这种枪。我回答说一般人是见不到它的，但武器库里是肯定会有的。他们连鸟枪和军用枪的区别都不知道，但是丝毫没有某些清国人那种顽固自大的态度。到处都有人要求我把武器让给他们，但因为我的枪是公家的，所以我总是拒绝他们。而且我向他们讲解我们军队的情况时，他们都很倾慕，甚至有人要求跟着我。满洲人的风俗大概属于这类的比较多。

我经常问他们衣服、被子、马匹是怎么得来的。

大家都异口同声地说："这些都是皇上赐给我们的。"

这些虽然是语言上的小事，但又足以看出满洲人的风俗习惯。

我又看到同旗人的交际礼仪，感触非常深。有一次，在某地吃午饭的人家里，我的护卫兵某士与那家人同旗，他们讲话讲到这里时，一个妇人就急忙把一个孩子叫来坐下，命令他行相识之礼。这时这个孩子很有礼貌地走到某士面前，跪下右膝，伸出左手握住某士的右手，用右手的手指拂拭他的指甲。这是满洲人年少者对长辈的敬爱之礼。

满洲旗人在城市里，势力虽然不敌内地移民，但在他们自己的屯里是非常有权力的。这些是旗人的经济实力和政治地位所不相符的地方。他们又经常用这样的话来夸耀旗人的荣耀。

他们说："大官没有民人，都是旗人，更别说是武官了。"确实如此。

他们的方言随着岁月而消失了，其固有的气象也与方言消长成正比。淳朴的风俗恐怕也一样。凡是经过满洲的人，实际上对此都有类似的感觉。

再举两三个例子。黑龙江不如吉林、盛京两地那么进步，因此那里的妇女、孩子在日常生活中仍用满语，官话只能听懂一点。我就黑龙江的护卫马队做了一下试验，发现他们的官话虽是普通用语，但真正懂的人并不多。他们个人之间的会话都用方言。进入吉林，情况就大为不同了。懂得方言的人大概10个人中间只有一两个而已，连妇女也都使用官话。因此，孩子们在这样的环境下，根本没有学习方言的机会。

我和马队的人开玩笑时，不知说了多少次："你们满洲的语言都忘光了吧？"但是多数人说没有忘，会讲。

我又经常问满洲的小男孩："你们的皇帝是满洲人，你们是满洲的旗人，却不懂满洲的方言，这是为什么呢？"

很多人听了都不服气。随着方言的盛衰，完全就可以看出人情的厚薄。满洲固有的活力也随着方言的消失而消失，这实在是非常可惜的。

满洲北部黑龙江有早婚的习惯，因此当地人身材的大小相差很多，特别是在妇女之中，矮个子的人特别多。我在这里提起早婚的事，是因为下面的叙述和当地人的体格有关系。从墨尔根开始任我的护卫的骁骑校某今年才51岁，就已经有了曾孙；从卜魁护送我的护卫兵某氏才37岁，也已经有了两个孙子。我问了一下黑龙江男女结婚的大致年龄，男子14~15岁、女子13岁就有结婚的了。滋生这种恶习，是因为他们的风俗，如果不是有钱人，就没有办法准备整个婚嫁的礼物，所以他们以早婚为第一位的荣耀。家境稍微富裕一点的人，就会尽量风风光光地举办婚礼。这里早婚的原因本来是不一样的，吉林、盛京这种陋习并不十分厉害，所以他们的身材比黑龙江人要稍微高大一点。

风俗最淳朴的是黑龙江，其次是吉林，到了盛京，随着人情风俗的开放，妇女装饰的华丽程度相比之下就明显得多了。黑龙江、吉林的人一直崇尚骁勇之名，这是他们风俗淳朴的基础所在。在吉林经常看见武装齐全的小男孩骑跨在驴子上，得意扬扬地走过。这种驴的头部和臀部上会装饰着红色的毛。这种模仿军人仪表的行动在孩童之中十分流行。还有各旗人的家里也都有木马，从此可知满洲是有养成尚武的风俗的素质的。所有的满洲人男女之间的关系都有特别的风仪，没有清国内地男女不同室的习惯。妇女一般都很快活，她们的举止也都很直率，和欧洲的女性没有什么差别。这些习惯和清国内地有着天壤之别。这是满州人将来会呈现出巨大进步的一个证据。

更令人羡慕的是满洲人都喜欢唱歌。我看见护卫队里一定会有一两个人唱歌唱得很好，队伍中只要一个人唱起歌来，其他人也就合唱起来。旁观这种状况，跟俄国人所实行的军歌没什么不一样，听起来十分痛快。到了歌曲最高昂的时候，马鞍上的人会演出一种叱咤万军的样子，看的人也就跟着手舞足蹈起来。我在营房中也经常看到各种乐器，士兵们在完成正规的练兵之后，要么就在营外散步，要么就在营内唱军歌、玩乐器，相互娱乐，好像完全没有乡愁似的。如此唱歌可以调和人的心态，也能够激发他们的感情，让他们能够达到忘我的状态，所以俄国在军队里大力发扬军歌的作用。现在我在满洲的军队又亲自了解到这种军歌的功效，毫无疑问这是将来满洲军队能团结壮大起来的一个因素。

满洲之地自古以来就产良烟，因此他们也抽烟成瘾。喜欢抽烟的人，无论男女，但凡到了七八岁就一定会手持烟管，腰缠烟袋，此时这种习惯还没有改掉。接待客人的时候，先去拿长者的烟管，在长者的烟管里装入自己的烟末，再把它呈给长者，这是满洲的普通礼仪。这个礼仪蕴含的直率是值得一看的。

另外，历行满洲时，令人瞩目的是今天依然存在的满洲的礼仪。满洲人一碰到人，不管是在室内还是室外，一定会行膝礼。官衙相见的礼仪，看上去很严肃谨慎，其殷勤的程度达到入座都毫无声息，摘帽就是不敬，面向长官时必须直立，仪表端庄，右腿先进一步，再行膝礼，旁观者自然也都肃然起敬。如此，这个礼仪的真诚直率就非常能表现满洲人尚武的美好风俗。满洲的军队纪律可以说由此而存。但一进入盛京南部，就好像他们的方言一样，满洲所固有的这种礼数就很少存在了，向人进呈烟管、请人就座时真诚直率的美好风俗几乎都见不到了，这里的风俗大概跟清国内地没有两样。

第五章　水陆运输概况（附旅程中收集的物资统计表）

满洲水利工程完善，几乎已经形成了水利联络网，但是当地人还没有利用水运，因为他们不了解使用汽船的方便性，所以运输货物都以陆运为第一位，因此各城都设镖局，以保护搬运的货物。镖局在盛京城就有 3 家，从盛京到吉林的各城里也都设有分店，给地方的运输带来了极大的方便。虽然说镖局也已经在黑龙江普及，但黑龙江现在还不发达，运输的安全保障大都是经营者各自担当责任。

黑龙江一带齐齐哈尔是货物运输的集散地，远近各处的牲畜、杂谷等都被收集到此地之后再通过陆路输出到俄国的黑龙州。经过墨尔根运到瑷珲的话，没有冬夏之别，路上的货车络绎不绝，特别是冬季最频繁。

瑷珲到齐齐哈尔有 800 里，运输方法是使用大小两种货车。冬季用六七匹马拉的大车，装载 2 000 斤，需要 15 天；用 4 匹马拉的小车装 1 000 多斤，也要 15 天。夏季的路程因天气的好坏不同，一般都在 20 天左右。货物的运费是夏季 100 斤 4 吊钱，冬季是 3 吊钱。

从墨尔根到海拉尔西边 1 000 多里的地方，冬天用雪车可以通过，但是夏天的话就完全没有人马来往，冬季大概要 20 天。

从齐齐哈尔沿嫩江逆流而上到墨尔根，水位高，顺风时要 2 个月，返程下江的话要 1 个月。今年化冰后，来了两艘商船，带着 20 000 多斤货物，现在江水水位下降，在河岸上搁浅着。嫩江的水利给下游地区的住民带来了很大的利益。到墨尔根以北 200 里的上游，建筑材料 2 月里采伐出来，4 月冰化后把这些木材放在江面上漂浮，到了 7 月（农历）就能顺流而下送到齐齐哈尔等地。

载着货物从吉林新城到齐齐哈尔逆流而来的时候，水势强的话要 1 个月，否则 10 天左右，下江时也是同样的天数。

陆地的运输，夏天当然如此，冬天也是用马车运输，很少用雪车，用雪车多是在墨尔根以北的地方。

从呼兰的官舍每年取水路到墨尔根、瑷珲等城用 10 艘官船，分两次运送粮食，一只船能装下粮食 80 石，但是此水路运输所需的天数不详。该城的东南 20

里处,有个叫作呼兰口子的河口,这里是呼兰河与松花江的交汇处。到阿勒楚喀有摆渡,将来在水运上是一个很有潜力的地方。若想从该城去巴彦苏苏,特别是看到有车马在此地迂回时,船舶就可以马上到呼兰的南边抛锚、扬帆、渡过去。就算连一只抛锚的船都没有,岸上也有很多木材,都是要贩卖的货物,从船厂流下来的。从船厂到呼兰口子要花 1 个月,从船厂到新城顺流的话要 1 天半至 3 天,逆流的话要 20 至 30 天。呼兰到三姓之间,陆运很少,其原因有很多。其中最重要的就是利用了舟楫。呼兰及巴彦苏苏等一带地方是全省中耕种最发达的地方,杂谷很多,也都是卖到俄国去的,和其他地方没有两样。利用呼兰河、松花江等的水运把这些东西运输到俄国沿海州各地的商人很多。但是冬季就取陆路小道,将货物从瑷珲运到俄国布拉戈维申斯克的人也不少。

牡丹江的水流湍急,当地人用"无风三尺浪"来形容波浪的澎湃,所以只利用粗糙的楫帆。虽然满洲船要从这条江逆流而上是非常困难的,但是该江在流入松花江的江口时很开阔,没有风浪的危险,是个停泊船只的好位置。三姓位于两江相交的东北角,现在已经是帆樯林立,以后如果这里有机会来汽船,那肯定也会成为一个繁荣的城市。我把在该城的见闻写下来,并想考证此是否为真。三姓的船,大小船只一共有 180 只,每年来往的船只根据当年的收成有增有减,一般有 40～50 只,大船能载 15 万斤的货物,但大船数量比较少,装 8 000～9 000 斤的船比较多。从三姓出发,到达各地所需要的天数,根据风向及河水水位升降而有所不同。其大概如下:到俄国巴发罗佛加水路 1 500 里,顺流 8 至 15 天,逆流20 至 30 天;到俄国米哈伊洛夫斯克水路 800 里,顺流 4 至 8 天,逆流 11 至15 天。

以上是到俄国沿海州、黑龙州往返的日程。

从三姓到呼兰 700 里,逆流 15 天,顺流 10 天;到齐齐哈尔 2 500 里,逆流大概 1 个月(新城以西水势险恶),顺流 15 天;到瑷珲 3 000 里,顺逆流合起来(松花江顺流,黑龙江逆流)28 天,归航十七八天,这是因为黑龙江的水势比较大;到新城 2 000 里,逆流 20 天,顺流 10 天;到宁古塔 500 里,逆流 20 天,顺流三四天。载重 7 000 斤的船在牡丹江上来来往往。从宁古塔载上西瓜、蒜头、海藻、海参、虾米、螃蟹等货物来,再从三姓载谷类、烧酒等回去。

我在三姓时,有一天有一个人对我说:"光绪四年(1878)来了一艘俄国的火轮船投锚，那艘船的名字叫安德烈，是后车①，行使的速度又快又平稳，它的汽笛声响亮得不得了，那烟囱呀，有这么粗！"

他在形容烟囱时，两臂完全张开，直到那时他还呈现一脸惊讶的神情。

我说："那火轮船比起你们的夹板船怎么样呢？你们国家的人为什么不造火轮船呢？"

他说："那种事是老羌（指俄国人）的本事，我国人不会造这种船，当然他们的船比我们的夹板船要漂亮，跑得快。"

该船是经巴彦苏苏南边到新城，再准备上溯到吉林，但因为水位不足，没有达到它的目的。但是同治年间，俄国汽船某号到过吉林小东门外抛锚，由此可知，该江的水位之深。

从宁古塔到俄国的双城子（乌苏里斯克），走车马道的话要经过上掖河和三岔口，输出的货物主要是烧酒、烟、牛、马、羊、猪、面粉和水果等，大都是从吉林以南的地方来的。本城的商人只是转卖这些东西。从本城到三岔口大约600里，其运输费用100斤夏天为5吊，冬天为4吊。到了三岔口，就渐渐进入俄国领土了，所以满洲车不能进入。由六七匹马拉的这种两轮大车载着非常重的东西，它的车轮因此陷入道路里，严重损坏了道路。俄国政府不允许这样，所以光绪六年（1880）吴大澂新开设了一条运路。从山东迁移来的数百人来到这里，企图开发此地的资源，将它划入清国版图之中。

从吉林到珲春的话，出了额穆索，有捷径，1 600里，不到8天就能到达。从额穆索到吉林，冬天如果取站道，经牡丹江6天就足够了。

从额尔河到吉林有两条路，一条是经过老爷岭，也就是夏道；另一条是走牡丹江，也就是冬道。这冬道用橇车的人很多。

在吉林听到一个从珲春来的商人说，他是去年冬天从珲春骑马来到敦化县的，只花了6天时间，从吉林到珲春的路，冬季用橇车的大都由两匹马驾驶，货车大多由五六匹马驾驶，要花费十四五天。

吉林的西南方向45里有个大水河，房屋有100来户，形成一个小街市，从这里又有两条路，走西北偏西是到长春厅街道（当地人把它叫作宽城子），交通络绎不绝，往其西南偏西行进，则是盛京街道。长春厅街道平坦宽广，所以货车多。从大孤山站到长春厅敦化县买卖街等地有街道，全是车道，频繁地搬运货物。

---

① 原文如此。

我在小孤山万增盛店投宿时，偶然碰到一队每头驮着100斤棉花的29头骡子也来到这里，听马夫谈了一些他的见闻，我记在这里以示吉林、营口之间陆运的概略。

他说："棉花100斤的价钱是33吊。我从盛京去往吉林的搬运费是4吊330钱。我们（马夫）现在4个人29头骡子一天大概要走80里，有盖小车（本来是为了让人坐，所以装了顶盖，比如说从吉林到盛京载客，回来时则运送货物）大概能载800斤，从营口至吉林大概100斤的价钱是6吊，一天走120～130里路，大车载5 000～6 000斤，夏天一天走60里，100斤的搬运费是10吊，冬天100里左右，100斤的运费是五六吊。"

大车的速度慢，所以搬运费也不得不随之便宜一些。满洲最近尽管吴大澂在修整道路，但七八匹马拉的两轮大车所载的五六千斤的货物的重量，不断地加压在道路上，严重地毁坏了道路。再加上到处都很泥泞，大车很多时候十分费时，仅花在喂马和投宿上的钱就不少了，反倒是有盖小车既轻便又不分季节，所以开销也随之减少了，这是货物运输费用比大车便宜的原因。

大多数的大车是7～12匹马驾驶的，两侧的驸马全以骡子代替，因为骡子力壮又经得起长途跋涉，比较可靠。而雪车仅仅需要3头骡子而已。

吉林、宁古塔之间的道路，由于最近东边的边防日渐紧张，运输尤其频繁。因此铲除了山道的险阻，掩埋了泥泞，架起了桥梁，虽然几乎恢复了以前的模样，但还没有成为方便运输之路。因而，如前面所讲的重货一般还是通过走冬天雪路运输的。特别是雨后，泥泞埋没了车轮，马车寸步难行，这种困难是不堪设想的，但因车轮制造得特别坚实，马匹又习惯了在泥泞的道路上行走，因此四季的运输都不会中断，其中最频繁的是营子、盛京、吉林之间。吉林和宁古塔之间没有如此频繁。由于吉林西部往黑龙江各地转运货物的数量非常大，所以在吉林集散的货物数量极其巨大。此外，从边外各地经由盛京运往营子的货物也很多。盛京实际上是满洲车马聚散的咽喉，极其繁盛，是十分发达的地方。从营子到盛京，用大小两种车辆，习惯上多用小车。因为这个地方比较低洼，泥泞又多，像大道这样的地方，下了雨之后完全无法通过，都要走耕地，这就不得不用小车，不然是很难通过的。吉林、盛京之间的地质和上述地区相反，稍微好些，所以大车的使用便逐渐多起来，虽然使用骡子的很多，但几乎没有使用骆驼的，就连冬天也不用雪车。我看见，骡子大约能驮200斤，一天能走80～100里，骆驼驮铜制的药包4 000个，一天可以走70～80里。使用骆驼只限于盛京、吉林。

以下是旅程中收集的物资统计表，列出以便读者能了解此地的概况。

旅程中收集的物资统计表

种类		瑷珲至齐齐哈尔	齐齐哈尔至呼兰	呼兰至三姓	三姓至宁古塔	宁古塔至吉林	吉林至盛京	盛京至营子	合计
大货车	马骡	112	8	24		54	454	168	820
	牛	241	34	8		10	2	4	299
小货车							34	16	50
有盖货车							60	15	75
乘车	有盖						92	72	164
	无盖						31	11	42
驮骡						37	226		263
驮骆驼						12		2	14
驮马						62	6	2	70
马		100							100
牛		538				67			605
羊			40			230			270
猪			108			170	720		998
驴						17			17

　　备注：黑龙江齐齐哈尔附近的货物、家畜等运到瑷珲及俄国黑龙州时，专门用陆运。其中主要的货物是白面、烧酒、油类及牛羊。夏秋的交通比起冬季，车马的往来要少。我们一行通过时，食用动物已经被驱赶到瑷珲附近来放牧了，以便卖给俄国人，供其之需。所以路上碰到的并不太多。本来食用动物是等到每年五六月新草成长时才赶来的。呼兰以东之地因有松花江水运之利，运到俄国沿海州的货物，利用陆路运输寥寥无几。吉林中三姓、宁古塔之间的新道现在还没有车马来往，我们是最初使用车马通过这条道的人，这就是表上这些地方是空白的原因。吉林到营子之间，车马往来逐渐频繁，大车一般都是用 6～11 匹马或者骡

子来拉的。食用动物之中，猪有 170 头是赶到盛京去的。其他的是从吉林赶来经过宁古塔转卖到珲春和俄国符拉迪沃斯托克的。家畜不多的原因之一是秋风枯叶的时候不方便在山野里放牧，到冬季，就把它们宰杀了用车运来。除了载着在宁古塔附近出产的人参、黄芪等药草及木茸、烟、海菜等的货车是从南边来的之外，其他的都是向北去的。其中重要的货物有棉花、洋布、暖鞋、暖帽、皮袄、烧酒、香油、盐、蓝靛等。棉花是开原、铁岭等地出产的，在送往北方的物品之中它是最多的。驮骡、驮马等大都是驮着棉花的。洋布是经营子来的，其数量在货车所运物品之中占额最大。货车载着各种火药、戎器等，重量有 2 000 多斤，从吉林到宁古塔去的货车有 30 辆。使用骆驼的很少，驮着吉林机器局制造的哈同围斯枪及火药等往宁古塔去的只见到 12 头，另外看见载物的只有 2 头。

第六章　贸易物产（附满洲物价比较表）

在满洲能看见我国的产物，是在三姓、宁古塔、吉林、黑龙江四个地方，大概是从在俄国符拉迪沃斯托克的我国人所经营的商店里流出来的。种类有仿西洋毛巾、瓷器、陶器、大米等。毛巾是满洲军队目前使用得最多，而且肯定是将来也需要的东西。大米在掖河、宁古塔等地颇得好评。该地的富有人家和驻屯兵都很喜欢吃，但这只限于满洲北部一带，消耗量并不大。满洲南部因为已经有陆稻生产，所以我们无法扩大大米的销路和掌握贸易上的垄断权。不过向南北部满洲输出的物品中，将来比较有前途的应该是我们北海道的海产。在满洲内部，海产品确实是人们所喜好的高级食物，很难买得到。所以只要将它们输向满洲内部的话，就能够供应他们所需了。满洲北部现在是拓地殖民的时机，随着人口的增加，毫无疑问销路将越来越大。

俄国领土满洲海岸及桦太①岛西岸，每年能获取大量的海带。在满洲海岸经营这个事业的都是从清国逃出来或是出来赚钱的人。只要向俄国政府交若干税，就可以从事此行业。要从此地运送海带，一个办法是等到冬季取陆路从珲春到宁古塔转运，另一个办法是用海路乘外国帆船或者清国的船只运送到芝罘②。1880年，清国人交税之后所卖的海带，价值高达 20 万卢布。如果再加上那些没有交税而偷偷获取的利润，肯定是一个非常巨大的数额。桦太岛的海产品是由英国人甸贝专营的。他们向俄国政府交一定的税金，每年都用汽船及外国帆船把它们全运到芝罘港去。运到该港的海产品，以满洲海岸及桦太岛所出产的为第一。

日本海产只限于从上海转送，将来日本向满洲打开贸易大门的话，海上通商口应该是芝罘。为什么这么说呢？因为如果要运回牛庄不如从该港运输方便。牛庄港河口沙堤多，再加上潮汐的涨落明显，妨碍船舶出入，而且冬季结冰时有几个月完全不能通航。做满洲贸易的商人，大都是以芝罘为本店，牛庄等地只不过

---

① 【译者注】桦太：日本叫本华太，实指库页岛。
② 【译者注】芝罘：指今烟台一带。

开一个分店而已。除了以上理由外，芝罘港不仅是四季都能自由航行的港口，也是直隶、满洲、山东等地贸易的咽喉之地，而且是天津、牛庄等地往来的中心港，所以船舶出入非常频繁，不像牛庄这么冷清，确实足以证明将来是个繁盛的港口。往日牛庄的繁盛大概已逐渐让给芝罘港了吧！芝罘港对于日本来讲事关重大。现在如果我们把北海道的物产送到芝罘去卖，满洲海岸及桦太岛的海产品的垄断权就不得不让给我们了。因为海上的路程比较近，费用也比较少，我们的东西又比他们的好。俄国正在扩大在日本海的海运，并且将注意力逐渐移到满洲海岸和桦太岛的海产品上。他们想尽量扩大销路，如果我们现在不尽快计划建立一个坚实的基础来掌握贸易的主动权，我们北海道的物产就无法再进入辽东湾内了。

大多数满洲东部的人，喜欢日本的产物胜过喜欢西洋物品。这大概是那个地方接近俄国符拉迪沃斯托克港，人们能够亲眼看到我国的物品的缘故吧。我在吉林的时候，我们所携带的物品特别能引起满洲人的注目，而且有很多西洋产的东西仍被误认为是日本产的。我国生产的将来能在市场上出售的物品，大概只限于如下的杂货：陶器即茶碗、茶壶，漆器盒，毛巾，肥皂，火柴，日本纸及刀剑等。

日本刀是满洲人最喜欢的东西，说其非常锐利。在吉林有一个士兵，曾经从俄国买了一把我国的刀带来给我看，并且问我此刀是利还是钝。其他在满洲有名的货物是药品，日本药在满洲，特别是在吉林声价很高，像西洋表一样，很快就普及整个满洲，无处不见。满洲东部的边疆地区，经常看见从上海运来的美国新款座钟。吉林市场上虽然有卖洋蜡、肥皂、洋线，但是玻璃器还不多见。可是却见过有人在卖日本造的指南针。从齐齐哈尔护送我们一行来的一个下士将指南针镶在军帽上作装饰。我问他这是哪来的。他说："在符拉迪沃斯托克的时候买的，是日本制造的。"

这可真奇怪。在奉天有两个钟表匠和一个摄影师，和其他的城市比起来还能多少看得到一些西洋的东西。听这里的商人说，日本货不到吉林弄不到。牛庄已经开港了，这里反而买不到日本商品。所谓的先入为主大概就是这样的吧，这里已经是关内来的清国人的天下了。

宁古塔这个地方距东日本海岸不远，所以很多海带、咸鱼之类的东西在这里上市，但多数是朝鲜近海产的，远不及我国北海道的海产品。我国北海道可以向牛庄输出的海产品最多的是海带，其次是咸鱼、海参、干贝等。这些都是可以经过奉天送往吉林各地贩卖的。

满洲产物之中，可以作为我们将来贸易品的是西部所产的羊毛和皮货，中部所产的烟，烟的质量是最好的，产量也很多。其他著名的东西有吉林西边的蓝靛、鸦片、豆饼等，吉林东北部产的鹿茸、人参和各种药材质量最好，价格最贵。我在吉林逗留之中，见到从鄂多里城送到吉林的捐参局的人参有 60 多驮，他们的收额之大可见一斑。但是这些东西毕竟不能作为我们的贸易品。此外，盛京城中著名的产物，以及棉花、陆稻等，还有各种谷油、伏特加，到处都在制造，产量也很多。但是这些都只够供应满洲内地，还不够输出。各都城所出售的货物主要都是输入品，尤其是木棉绒、绢织、生蜡、砂糖、铁、玻璃瓶等，其他奢侈品并不多见。这大概是因为满洲的风俗还是非常淳朴的，他们的生活水平还比较低，不会想到要有过多的装饰。

在市上最能引起我们注意的就是各种毛皮店、马具师、铁工、车工、木工等，这些都是满洲市场上最多的行业。其他的有杂谷店、酿酒厂、打谷油所、银匠铺和当铺等，这些合起来组成了一座城市。不过稍微大一点的城市都一定有炼瓦制造厂。杂货店中最引起我们注意的是麻绳店，满洲自古以来就有使用车辆的习惯，要用很多麻绳，因而市场不小，这也属于地方产物之一。其他还有用芦苇编的叫作席子的东西，满洲人总是把它铺在炕上，也用它做车盖。这东西在市场上堆积了很多，很适合露营时用。不管是城市还是农村，中等家庭里一定会有 4 张以上席子。露营等的时候带上宽的，它的宽度可以容下 8 个人。搬运时一车能装 25 张席子以上。

吉林、宁古塔和三姓等地经常使用的食盐是依靠朝鲜近海和波谢特等地生产的，但其他各地所用的食盐都是从营子或者山西陆运过来的。满洲内地既离海滨很远，又不出产山盐，所以要依靠别的地方。无论什么地方，盐都是人们必需的日常用品。如此难以供应的东西在满洲内地被当作贵重品，想要大量得到是非常不容易的。

燃料在满洲则不一样，大概是根据各地材料的有无、多寡来决定的。黑龙江的瑷珲和墨尔根之间树木丰富，所以木材用得比较多。但是烧炕的时候大都有把牛马的干粪和起来用的习惯。不过逐渐接近齐齐哈尔时，地势濒临沙漠，所以除了干草和牛粪之外没有其他燃料，只有杂谷的茎来代替。从齐齐哈尔到松花江附近，这个习惯就更加常见了。到了呼兰时又会再看到柴火，这是沿着呼兰河流下来的，数量不多，所以没有钱的人家则用不起。

一般用得最多的材料是高粱秆，也有一些用木炭的。巴彦苏苏之北渐渐接近树木繁茂的山地，因此又可以看见柴火，和呼兰相比的话就特别多，所以没有用牛马粪的习惯。从这里进入吉林、三姓、宁古塔等地都是树木丰茂之地，所以都用柴火。吉林一带的官道也如此。这都是从松花江的上游流下来的，其材料特别多。但是进入盛京街道后，这里的山岭大多是跟朝鲜内地山岭一样不生一木的秃山。加上这个地方出产煤炭，所以多数人做饭的时候都用煤炭。到了开原、铁岭等地，铁工也用它，只在烧炕时才用高粱秆代替。从吉林南部到盛京一带耕田的田埂都是被高粱覆盖着的。如果从中间横穿过去就像走在竹林里一样。在满洲南部，高粱实在是非常贵重的材料，用处非常多。果实可以用来供给人畜食用，高粱秆可以用来编织成掩盖物或者造篱笆墙，又可以用来架桥梁，还可以当作燃料。在牛庄很少看到用柴火，柴火的量也不是很多，烧炕时一定要用高粱秆。

为了表明以上我所讲的内容的真实性，方便了解满洲的物产的多少，后面将列一个我在各城调查的物价比较表。

我再次强调，如果将来我国要打开满洲贸易之门，海港基地不应该在牛庄而应该在芝罘。满洲之广大，西伯利亚之宽阔，这两片地虽然土壤相接，它们所需和所产的东西却不尽相同，所以互相存在有利可图的条约。清国内地人先入为主已成了自然的趋势。我在这里引证俄国对满洲的贸易计划来说明我国打开对满洲的贸易之门一天也不能再等了。要证明他们不能成为先入者的要点，首先要记下满洲各城和俄国的海港的距离及陆路搬运的路程。和牛庄或者山海关的陆路相比较起来，俄国在满洲的贸易上拥有特别的权利这一点必须要弄明白。也就是说，从牛庄到吉林1 080里、到宁古塔1 780里，从山海关到吉林大概1 500里、到宁古塔大概2 200里。但是俄国波谢特港距吉林1 080里、距宁古塔大概600里、距符拉迪沃斯托克大概760里。波谢特和牛庄到吉林的距离虽然是同样的，但是波谢特和宁古塔之间的路程与牛庄和宁古塔之间的路程相比近1 016里，宁古塔和符拉迪沃斯托克之间的路程比牛庄和符拉迪沃斯托克之间的路程要近956里，比山海关和符拉迪沃斯托克之间的路程要近1 436里。满洲东部的其他边疆地区，与黑龙江航运及松花江的水路联络起来不就很方便了吗？

所以，俄国参谋大佐巴拉巴什1882年秋天在满洲东部旅行的时候，确认了俄国在对满洲贸易上的天然特权，说服了当时的政府必须打开满洲的贸易大门。

其大概内容是："我国波谢特和他们的牛庄到吉林的陆上距离虽然不相上下，但是他们的官道已经有了搬运的次序，整顿得很好，所以无法和他们竞争。但是我们有尼古里斯克一港，如果利用黑龙江的水运到松花江的河运航路，那么到牛庄就非常有优势了，该航路很快就可以到达吉林。另外还有一条运路，牛庄到底是我们无法竞争的，也就是乌拉港到乌苏里的航路连起来再连接到黑龙江甚至松花江的航路就可以通向吉林。以上两港确实是上天赋予我国的特权。如果希望东方领土繁荣发展就要尽快开此运路。要使满洲官吏从迷梦中觉醒，排除其障碍，为两国民生造福，如果今天不实行这个计划，我国就无法长期掌握贸易的特权。"

他所论述的内容，就算论点在贸易上，也是一针见血的，看到了问题的重点。俄国的商人很早就想打开松花江的船运市场了，但受到满洲官吏的阻挠始终无法达到目的。俄国朝野人士已经注意到这一点，想利用这个特权，早晚都会出手。松花江流域确实是能够打开东北满洲的一大水利，尽快利用船楫可以发展位于江岸的吉林、新城、呼兰、阿勒楚喀、拉林、三姓及其他位于支流嫩江江岸的齐齐哈尔、墨尔根等城市，输出他们的物产，也可以输入别的地区的物品。其主要物产是谷类、食用动物这两类，而东部西伯利亚人所期望的也就是这些物产。但东部西伯利亚的产物没有一样东西可以输出，而且需要靠其他地方的输入。所以我们现在要做满洲贸易的先驱者。尽管俄国领土有天然的特权，我们应该把它夺过来掌握在自己手上。因为尽快把芝罘占为我们的根据地，牛庄及其他的港口又得经过这里向内部输入，一旦掌握了联络商业的气脉，以后就算俄国决定要实行他们的水运计划，他们的多数贸易品都是要从欧洲运来的。与此相反，我们的海产品、食盐、漆器、陶器都是满洲人所必需而且喜欢的物品。只要能从芝罘运送上岸，满洲贸易的大权就看谁捷足先登了。

満洲紀行　甲 089

满洲物价比较表

货物	瑷珲	墨尔根	齐齐哈尔	呼兰河	巴彦苏苏	三姓	宁古塔	吉林	盛京	营口	芝罘
大麦 1 斗	1吊500钱	○	○	250钱	300钱	800钱	500钱	400~500钱	1吊800钱	○	○
小麦 1 斤	50钱	50钱	40钱	24钱	13钱	20钱	120钱	20~40钱	130~160钱	○	○
荞麦 1 斗	3吊	700钱	1吊	250钱	200钱	500钱	300钱	300钱	1吊400钱	○	○
精米 1 斤	83钱	140钱	72钱	700钱	81钱	90钱	85钱	55~110钱	130钱	230钱	○
高粱 1 斗	○	○	700钱	400钱	200钱	1吊	600钱	400~600钱	1吊600钱	3吊	○
燕麦 1 斗	1吊	300钱	○	○	○	○	○	○	1吊400钱	○	○
小糜子 1 斗	2吊400钱	2吊400钱	1吊600钱	160钱	460钱	1吊200钱	1吊800钱	900钱	3吊600钱	4~6吊	700钱
糜子米 1 斗	2吊	2吊	2吊200钱	800钱	○	1吊400钱	1吊800钱	1吊200钱~1吊400钱	4吊500钱	○	○

（续上表）

货物	瑷珲	墨尔根	齐齐哈尔	呼兰河	巴彦苏苏	三姓	宁古塔	吉林	盛京	营口	芝罘
稗子1斗	○	○	○	○	150钱	○	○	稗子米800钱	1吊200钱	○	○
苞米儿1斗	○	700钱	1吊600钱	550钱	600钱	1吊200钱	○	450~500钱	1吊400钱	○	460个大钱
黑豆1斗	1吊600钱	2吊	1吊200钱	300钱	250钱	800钱	700钱	450钱	2吊	2吊800钱	○
黄豆1斗	2吊	○	○	○	○	1吊	800钱	700钱	2吊500钱	○	○
豌豆1斗	2吊500钱	2吊500钱	○	○	300钱	○	○	1吊200钱	2吊600钱	○	○
白面1斗	120钱	60钱	60钱	36钱	16钱	48钱	40钱	66钱	220钱	160钱	33个大钱
烧酒1斤	80~150钱	80钱	60钱	80钱	90钱	128钱	100钱	110钱	360钱	370钱	87个大钱
香盐1斤	80钱	60钱	25钱	24钱	22钱	28钱	48钱	23钱	30钱	20钱	7个大钱

（续上表）

货物	瑷珲	墨尔根	齐齐哈尔	呼兰河	巴彦苏苏	三姓	宁古塔	吉林	盛京	营口	芝栗
豆油1斤	180钱	180钱	90钱	80钱	80钱	120钱	100钱	74钱	300钱	320钱	75个大钱
香油1斤	700钱	500钱	300钱	300钱	400钱	640钱	400钱	300钱	700钱	800钱	70个大钱
酥油1斤	200钱	160钱	90钱	100钱	80钱	96钱	100钱	100钱	320钱	300钱	○
刍秣100捆	5吊	1吊	1吊	2吊	3吊800钱	2吊	○	4吊	小㯂子稗10斤300钱	同500钱	同55个大钱
烟草1斤	300~500钱	600~800钱	200~400钱	250~350钱	100~600钱	200~400钱	100~400钱	100~500钱	400钱~1吊	400钱~1吊	100~200个大钱
牛肉1斤	250钱	200钱	150钱	100钱	120钱	120钱	220钱	80~100钱	360钱	320钱	65个大钱
羊肉1斤	300钱	300钱	160钱	110钱	250钱	240钱	140钱	120钱	420钱	500钱	125个钱
猪肉1斤	200钱	200钱	160钱	80钱	120钱	120钱	140钱	140钱	360钱	460钱	80个大钱

（续上表）

货物	瑷珲	墨尔根	齐齐哈尔	呼兰河	巴彦苏苏	三姓	宁古塔	吉林	盛京	营口	芝罘
鸡1只	600钱	800钱	350钱	200钱	400钱	500钱	300钱	250~400钱	1吊200钱	1吊	150~250个大钱
鸡蛋100个	2吊500钱	1吊500钱	1吊500钱	1吊600钱	1吊	1吊200钱	1吊400钱	1吊600钱	4吊200钱	5吊	600个大钱
绿茶1斤	2吊500钱~3吊500钱	2吊800钱~3吊600钱	1吊500钱~2吊500钱	1吊400钱~4吊	1~6吊	1吊200钱~4吊800钱	1吊200钱~3吊600钱	1吊600钱~3吊600钱	2~7吊	1吊200钱~9吊	350~500个大钱
砖茶1块	700钱	800钱	500钱	750钱	○	○	○	○	○	○	○
铁1斤	150钱	200钱	160钱	400钱	100~400钱	1吊500钱	100钱	180钱	350钱	160钱	33个大钱
纸1套	300钱	300钱~3吊	1吊	1吊	600钱	1吊100钱	600钱	800钱~4吊	3吊	2吊160钱	100~400钱

（续上表）

货物		瑷珲	墨尔根	齐齐哈尔	呼兰河	巴彦苏苏	三姓	宁古塔	吉林	盛京	营口	芝罘
棉布 1匹	白	1吊700钱	2吊500钱	4吊	5吊	5吊	1吊200钱	1吊700钱	1吊	6吊	5吊	2吊25钱
	浅黄	2吊600钱	2吊800钱		4吊	1吊600钱	2吊300钱	1吊800钱	2吊500钱	5吊	5吊500钱	2吊700钱
洋布 1尺		100钱	250钱	120钱	○	200钱	200钱	○	120钱	560钱	250钱	45~60钱
线麻 1斤		200钱	350钱	150钱	220钱	300钱	300钱	○	100~200钱	500~700钱	500~800钱	45~60钱
青麻 1斤		150钱	180钱	100钱	200钱	100钱	150钱	80钱	80~120钱	300~360钱	○	○
木材		径1尺7寸7尺 长7尺1吊 100钱	长2丈5尺 径1尺1吊 500钱	同左 3吊	6寸角 5尺 500钱	5寸角 5尺 500钱	径1尺 长7尺 1吊500钱	2丈 1尺 2吊	径6寸 长7尺 240钱	径5寸 长10尺 8吊	○	○
毛皮 1件		8~100吊	8吊 以上	6吊 以上	10吊 以上	5吊 以上	8吊 以上	5~60吊	3~20吊	30~100吊	6~100吊	4吊 以上
马鞍子 1个		10~100吊	15吊 以上	10吊 以上	8吊 以上	6吊 以上	17吊 以上	○	6吊 以上	25吊 以上	23吊 以上	5吊 以上

（续上表）

货物	瑷珲	墨尔根	齐齐哈尔	呼兰河	巴彦苏苏	三姓	宁古塔	吉林	盛京	营口	芝罘
牛1头	50吊	50吊	45吊	20～50吊	20～60吊	30～60吊	30～60吊	20～100吊	30～250吊	20～100吊	6～16吊
马1匹	30～100吊	40吊以上	30吊以上	30吊以上	40吊以上	50吊以上	20吊以上	30吊以上	35吊以上	50吊以上	18吊以上
骡1头	30吊以上	40吊以上	60吊以上	30吊以上	30吊以上	60吊以上	25吊以上	30吊以上	50～1000吊	80～600吊	16～70吊
驴1头	10吊	10～20吊	5～10吊	6～15吊	15～60吊	15～18吊	8吊	6～30吊	8～100吊	10～20吊	8～12吊
骆驼1头	○	○	○	○	○	○	○	70～120吊	200吊	○	○
羊1只	○	○	3～6吊	○	3～6吊	8吊	○	3～8吊	○	6～7吊	4～5吊
豆饼1块	○	○	○	130钱	130钱	○	240钱	240～600钱	600钱～3吊	3吊	750钱
席子1张	○	○	250钱～1吊	○	500钱～1吊	140钱	1吊200钱	700钱～1吊800钱	○	1～3吊	250～500钱

（续上表）

货物	瑷珲	墨尔根	齐齐哈尔	呼兰河	巴彦苏苏	三姓	宁古塔	吉林	盛京	营口	芝罘
马车费1日	3吊	4吊	2吊	○	1吊	1吊	1吊500钱	2吊	5吊	○	○
车费1日	2吊500钱	3吊	1吊	○	○	800钱	○	1吊	○	○	○
佣夫1月	5~10吊	6~12吊	5~7吊	○	4~8吊	6~8吊	3~6吊	4~10吊	24吊	15吊	1吊500钱~2吊
木匠1日	700钱	500钱	500钱	400~500钱	360~600钱	600钱	560钱	400钱	1吊200钱	1吊200钱	100钱
薪柴100捆	2吊	3吊	3吊	100根	800钱	4吊	○	3吊500钱~4吊	12吊	7吊	100斤500钱
木炭100斤	1吊	4吊	2吊	1吊	500钱	1吊500钱	1吊	1吊200钱	12吊	5吊	1吊700钱
煤炭100斤	○	○	○	○	○	○	○	800钱	3吊	○	400钱

（续上表）

货物	瑷珲	墨尔根	齐齐哈尔	呼兰河	巴彦苏苏	三姓	宁古塔	吉林	盛京	营口	芝罘
海带1斤	250钱	400钱	60钱	100钱	140钱	600钱	36~50钱	80~100钱	600钱	160钱	25钱
海参1斤	3吊	3吊	1吊8	3吊500钱	2吊400钱	1吊800钱	1吊600钱	700钱~1吊200钱	4~8吊	○	300钱
蜂蜜1斤	350钱	350钱	300钱	230钱	400钱	300钱	500钱	120钱	500钱	○	120钱
红糖1斤	250钱	400钱	180钱	200钱	240钱	160钱	160钱	200钱	400钱	280钱	40钱

备注：我想在满洲的物价表里附记芝罘的物价以作比较，但是各地的物品重量单位和货币金钱单位不同，无法比较，不能一目了然，非常遗憾。

满洲各地的物品重量单位和货币金钱单位也都不一样，非常杂乱，要比较其物价的时候，看这个表的数据虽然很方便，但是如果将它统一恐怕会出错反而更麻烦，所以本表所记的是各地的重量单位和货币金钱单位。

黑龙江的 1 斤是 16 两，作为货币的青铜钱是 5 文算作 10 文，银货是 500 文当作 1 吊钱，称作津钱。银价是随时随处有浮动的。我进满洲的时候，1 两银在瑷珲值纸币 3 吊 500 钱。1 两大概相当于我国的 40 钱。

吉林的大五家子以西及盛京的银货是把 2 文当作 10 文，3 文当作 20 文，5 文当作 30 文算。这样算起来，算到银货 16 个就是 100 钱，1 000 文当作 1 吊，这些就称作小钱。银 1 两大约是 10 吊，1 吊相当于我国的 13 钱 3 厘。1 斤是 12 两。

作为钱币的吊，各个城市的富豪各自发行，其通用地区只限于发行的城市及其附近的村落，其他城市是不能用的，这对于旅客来说是非常不方便的。

到了芝罘，1 斤又变成 16 两了。钱的单位是银货 100 个当作 100 钱，1 000 钱就当作 1 吊，这叫作大钱。银 1 两大约是 1 吊 800 钱，1 吊大约相当于我国的 93 钱 4 厘。所以津钱 1 吊是大钱 233 钱，小钱 3 吊。

表里的"○"表示没有，空白的地方表示我无法打听到。

第七章　殖民地及贡租

黑龙江现在的新殖民地在松花江畔白杨木沿下流到三姓之间的地区。没想到的是，移住民都是从巴彦苏苏、呼兰河等地移住来的人，这些移住民不是从内地来的，而是在满洲北部的人！松花江畔的沃地已经开垦，所剩无几了。随着以上各地住民的增加，可做的事业越来越少，终于来到下流这个偏僻的地方开垦，所以松花江一带地区和以前完全不一样了。

法律规定，这些农民带着民有地的性质移住下来的时候，每开垦一垧荒芜的地要向官方付1吊74钱，5年之后还要交纳贡租，一人大概能耕5垧地，一垧地的市价大概30吊。一垧地宽2尺、长7 200弓，1弓是5尺，即一条田垄的面积。耕种的方法是隔年交换种子，其顺序及收获量等大概如下：

表7-1　种子交换法

第1年	谷子	第2年	高粱	第3年	豆子
	高粱		豆子		高粱
	豆子		谷子		谷子

表7-2　一垧地的收获量

谷子	10石	高粱	8石	豆子	6石	糜子	8石

一垧地不论地质好坏，法律规定必须要付地租660钱。不过检地法很简单，10垧地算作7垧，所以那些拥有100垧地的人其实只付70垧的地租，也就是纳46吊20钱的租而已。

耕官地的人，最初可以得到4间房子和1头牛。3年后，收成最好的时候一垧地要向官府纳6石6斗的租，收成只有七八成时就付3石3斗，如果是凶年，收成不好，每个人可以向官府借1斗谷子，等丰收时再还。这些农民除交贡租外，

15～60 岁的男子每年要交人头税 1 吊。不过如果从官府领到的那头牛死了，官府会提供给他们 20～30 吊的现金以保护农耕。

吉林的地租，如果是民有地，按地质好坏分上、中、下三等，上等田地的一垧租 2 石 5 斗，中等田地的一垧租 2 石，下等田地的一垧租 1 石 5 斗。这些租金交给他们的地主。

新开之地马上上交皇室的话，免税 4 年。过了年限后，地租一垧 660 钱。按此法开拓新地，可以从官府领到 1 头牛、4 间房、农耕工具及家具等，作为奖励。

桦树林子到接近俄国边境的三岔口一带，这地区因为可以通到俄国哈巴罗夫和双城子等要塞，确实属于东方折冲之地。1880 年吴大澂从山东省招募了 1 500 人移住到这一带，大概就是这个原因，政府一个月给这些移民供应 60 斤栗子、3 斤草油、2 两银子。最初还给 1 头牛，如果没给粮食，会再给 4 两银子。这些补助只限在移住后 3 年之内。到第 4 年，一垧就要付 660 钱的地租了。

珲春和额穆索之间的土地颇肥沃。据俄国参谋大佐巴拉巴什的报告说，1882 年这片肥沃的土地上移来了 1 000 户人家，第二年还有移居 3 000 户人家来的计划。现在因为还未去那里实地视察，所以无法证实这个报告是否正确。但听说这一带人烟渐渐多了。这些移住者开始向政府支付地价，即第一等地一垧付 4 吊 60 钱，定住后马上缴纳定制的租税，大概是民有地的性质吧。

第八章　邮驿及军用道路

　　满洲邮驿的方法大概和俄国一样，备有全属官方的规定的车马。但是不像俄国那样可以公私兼用。所有的驿车邮夫接受任务时都不分昼夜，以规定的速度往返交收，效率很高。

　　下面记下我们经过邮驿各地的方法，同时叙述军用道路开凿的情况。瑷珲到墨尔根之间有头、二、三、四各站及科落站，共5站。官府给各站提供27匹马和27头牛，各站有仆什户、马头儿、小头兔、外郎及27名赶车的。车夫每人分得一头牛，用来耕地及供官员使用。官员每个月给车夫3两月俸，车夫接受这月俸的义务是每年上交2 000束刍秣和2石燕麦作为养战马的饲料。如果牛马死了，要剥其皮交给政府证明牛马死亡，政府就会给他们补偿。除仆什户以外，各站都有管理的老头。没事的话，他们就住在城里，一旦出事，他们就要去处理。传递公文、接送官吏等是各站的义务，车夫全像前面讲的那样。递送公文全通过骑马，不分昼夜地赶路，这和我国的邮递不同。墨尔根到齐齐哈尔之间有伊里哈站、卡密哈站、薄尔多站、拉哈站、宁年站、塔哈尔站，共6站。在塔哈尔站听说各站的官马是30匹，马丁有20名，每人每年的俸薪20两。马丁的征集方法是选有兄弟两三人，拥有牛马而且家庭生计不困难的人，命令他们服役。服役者接受20两的俸薪，因而每人有义务上交养官马的饲料干草1 000捆，若干黑豆、糜子等。官马夏季放牧，到了冬季就用储存的干草、黑豆3斤、糜子3斤混合起来做饲料。服役的年限随一家的情况变更而定，时期长短不一，七八年为一期。以上驿站的住民全是康熙二十三年（1684）从云南移入的政治犯。

　　齐齐哈尔到巴彦苏苏之间的小路本来就没设驿站，如果由站道来，要经过头站、二站、多耐站、塔拉哈站、古鲁站、新站、茂兴站、水师营、伯都讷站、新城站等地才能到达呼兰。

　　这条小道和站道之间有条叫蒙古道的路。这条沙漠路只有蒙古族人住家，人烟极少，车马往来也不多。白杨木河是黑龙江、吉林的分界，以东属三姓副都统直辖。从白杨木河开始设站道，到三姓为止有四站、三站、二站、头站。这些站道是从松花江右岸来和左岸的站道相接的。

从三姓到宁古塔的军道有 8 站，头站大平庄、二站乌斯户、三站巴彦苏苏、四站莲花泡；四站三道河子、三站细鳞河、二站烟筒拉子或沙河子、头站，以上共 600 里的军道也是光绪七年（1881）吴大澂所开凿的。各站有 10 名靖边勤务兵，开凿军道的工事都用营房兵，分地区派兵出工，不到 30 天就完成了全部工程，却不增加粮饷。各部队的标记现在还有。这条军道贯通了牡丹河的峡谷，是最艰险的岔道，几乎看不见平坦之地。就像用碎岩石填淤泥一样，似乎是先稍尽筑路之意，听说今年夏天要重修。这条路是唯一的军用道，现在虽然马车还无法通过，但步兵、骑兵都可以通过了。这一带不只藏有他们很多的秘密，就连满洲人的车辆都还没有走过。我们的车是最早通过这里的车辆。

他们同时也在开凿牡丹江岸桦树林子村到三岔口之间 400 里的军道，这条路通向俄国要塞双城子，是车马运输之地，因而这个谷地里有山东省迁移来的民丁500 人，似乎要在这里安家立业，生产致富。我在三姓所见到的也是和别的站一样官兵 10 名、士官 1 名，传递官书。头站、二站等也都有官兵（我们没在那里停留，所以没见到那里的兵）。这里的兵穿着固定的制服，头用黑布包着，外衣是无袖的短衣，锁着柿子色的边，胸前和背后都缝着白色的布，印着"清营后路右营前哨部队正勇"的字样，除此之外，全身都是黑色的。

在该站看到如下的布告：

统领、营务处、长都统，以上三处，由三姓往宁古塔去者，不准迟误，均随到随走。

钦差将军、双营务处、常营务处、巩军刘都统、鲍营务处，以上六处，由宁古塔往三姓。

光绪八年（1882）十月因官书拖延而下达的谕达公文曰：走水道 6 日，商人可以从三姓到宁古塔，那路程不过 600 里而已，所以紧急的布达只要两天两夜就应该到达。

三站和四站之间有个叫王上台的高峰，新开的路线通过峰顶。我们一行路过这个山峰时，路边还有"靖边后哨马队左营修道东南交界牌"的木牌标示。以四站（属于三姓）和四站（属于宁古塔）作为两城所营的分界线。虽然觉得这个木牌不太可信，但这也可能是当年为了方便修筑道路而设的。

头站设置一名防御，管理到四站为止的笔帖式及站役等。邮差都是靖边营的兵，一个月的薪水是银圆 4 两，其中还要扣掉伙食费 6 钱和制服费 1 两 4 钱。

以上是三姓、宁古塔的军道情况。

从宁古塔到西吉林的官道是：沙兰站、单儿汉河站、塔拉哈站、俄莫贺素落站、退屯站、额伊虎站、额黑木站。

三站（距离宁古塔 80 里）也叫沙兰站，听说这之间各站安排 18 个人，仆什户 1 人。仆什户能够领到若干薪水，但是邮差没有薪水，邮差的义务是传递公文。其征集方法是，若一家有两三个孩子，其中就要有一人去做站役。站役是没有薪水的，而且要自付衣食。但作为补偿，这个家庭不需要上缴租税。

从吉林到盛京的驿站是乌拉站（在吉林城里）、崑登站、伊勒门站、壹巴丹站（又叫壹马站）、伊河站、赫尔苏站、英额布站、叶赫站、蒙古和罗站（以上属吉林管）、高丽站、懿路河站。

额穆索和珲春之间的 450 里军用道，是光绪七年新开的，这里设了 12 个站，是车马道。因为这条路是军用道，所以禁止外国人来往。如果问他们的官吏有关这条军用道的事，他们一定又会很暧昧地告诉你这里车马不通，以此作为挡箭牌。前几年，俄国和清国发生冲突时，从吉林往珲春运送军队和辎重就是走这条路，然后把它改建成了现在的军用道。

另外他们在横断于吉林和宁古塔之间的官道上的 4 座山上开辟出一条路，作为商人的便道，这又与改筑宁古塔和珲春之间的旧道一样，都是起用营房兵充当劳力，因而节省费用，迅速完工。

第九章 满洲金矿的近况

东北满洲有 3 个有名的地方出产沙金。一是黑龙江的西北和俄国接壤的黑龙江上游部分，叫作九道沟，即在俄国领土阿尔巴新兵村的对岸。二是在吉林东北部三姓的东边 250 里的两处，一处位于南边的泰平沟，另一处位于北边 20 里的皮沟儿。三是松花江上游离吉林南边 200 里的地方。以上 3 个矿藏可以说是满洲的宝库，位于东北满洲的边疆，地理位置上都是占有水利优势，自然地形成了满洲经济的一大基础。以上 3 个矿藏，只要开发一个，全满洲就毫无疑问地可以达到开化和进步的目的了。

我听榎本公使说，满洲金矿中最大的第一金矿开始开发了。

他说："李鸿章托我买淘沙金的机器时，我问李氏这个机器在哪里使用，是否又用于朝鲜一带。李氏回答道：'不是，不用在朝鲜一带。'他在对我讲满洲金矿之事时，我知道这肯定是用在满洲一带的。"

果然如公使所说，因为我在经过满洲到卜魁（齐齐哈尔）时，护卫兵不停地问我："黑龙江的沙金厂是政府已经借给俄国人，还是卖给他们了？"当时我听到这话，好长时间都无法理解，现在一想就明白了。这是因为卜魁在流传这个说法。这样，政府开发此矿藏是毫无疑问的了，而且可以说是形势所驱。

这个矿藏是 1884 年由俄国人发现的。从那以后，越过疆界，到清国领土偷偷淘金的俄国人便日益增多。到冬季，已经有 7 000 余人。他们所采的金，几乎是俄国领土上的 4 个金矿黄金总产量的数倍之多。当时这个矿藏的名声非常大，最终导致两国的地方官之间产生了争论和纠纷，但是没有得到解决。满洲官衙对此事深感忧虑，向政府报告事态严重，要求和俄国进行谈判。

清国政府素来就认为边疆要事不可漠视，于是便派钦差大臣某氏去卜魁调查处理该金矿的事情。这是促进清国政府关注北方事宜的契机，也认为开发这个金矿是当下急务的原因。

下列数据证明以该矿藏年产量和俄国黑龙州 3 个矿藏的年产量相比，满洲一个矿藏的产量要多得多。1883 年，俄国黑龙州所淘出的沙金合计 293 贯 39 斤 43

钱，这个实价相当于 4 331 832 美元。满洲的这个金矿所产出的日额，以 7 000 人的平均额计算，实际上是 45 500 钱。假如现在 100 钱是 200 美元，一天的产量实价是 91 000 美元，一个月的产量达到 273 万美元。这是去年冬季俄国人开凿的实际情况。该矿的矿工还未使用特殊的淘金机器，其所采得的金子就可达到如此之多，这就足以证明此地是金质丰富的宝矿。

一旦清国政府打破数百年的禁例，一扫满洲人固有的旧思想，到了开发这个矿藏的时候，离确立全满洲经济基础之路就不远了，说不定全东亚都会面目一新，这是我们绝不能轻视的。

现在电信线路已经到了满洲南部，吉林、黑龙江之间急需联络网是满洲人很早以前就已经意识到的，政府也意识到了这一点。他们在吉林所设的机器局、火药制造局开始着手改良兵器的计划，不能不说是促进开发金矿的一个原因。另外，军粮的事也日趋紧急，需要开发新的课税方法，到处都可以看见政府的公告，可知国家财政支出非常多，而且黑龙江、吉林的边疆防务也越来越重。俄国不但没有怠慢边防事宜，而且直接刺激了满洲人的行动，彼此的关系实际上足以导致满洲开发金矿。由此而知，政府会果断开发金矿一事是毫无疑问的了。

第十章　满洲马匹饲养实况

我这次视察满洲时，从黑龙江到吉林，给我派的护卫马队前后共有 83 名护卫兵，3 000 多里的行程马队交替了 6 次。最长的一次差不多有 600 里，还不到 150 里就因马匹过度疲惫而无法到达目的地的有 3 匹，切开马的鼻子挤出坏血的有 2 匹。因疲劳而无法完成任务的马匹并不是因为马的体质不好，一看就知道是饲养方法极其恶劣而导致的结果。

在满洲各地实际视察了马匹的种类，以黑龙江西部的海拉尔出产的最好。从黑龙江护送我们的都是这里产的，还有如此多的病马，其原因全在于饲养方法不好。在记述满洲各地军马的饲养习惯之前，我认为有必要先概述一下马的种类。这里的马都有蒙古马血统，比俄国贝加尔产的要好一些。贝加尔能产好马是因为它与蒙古相接，而这也是满洲所产之马一般都要超越贝加尔所产之马的原因。满洲的马不像贝加尔的马那样体形矮小、外表不美；和西部西伯利亚多木斯科县所产之马相比，不只是外表优美，体形、大小也相差甚大。实际上还富有军马的性质，特别是爬陡峭的高山和奔越泥泞之地的能力都不是俄国马所能及的。满洲产的马种和贝加尔产的马种所拥有的同样的特殊性质就在于此。我国的马匹之中，如果说在拥有满洲马和贝加尔马所共有的特殊性质这一点上，只有北海道的马，它虽然骨骼矮小，但体形最标准强壮，嘴尖颈长，非常可爱；而且胸宽臀大又温顺，大批的马集聚在一起也不会起乱，至今还未发现有营养不良的马匹。

以上是满洲马及贝加尔马的概要。

上述满洲马队的实际情况和下面将要叙述的满洲马队的细节不但有利于详细对比彼此军马的实况，更重要的是还能了解他们的军马饲养法有很多是很适合远征目的的。因此我记下这些实况希望读者得知其概况。

从卜魁到恒信堡的 10 个护卫兵始终只放牧，不见喂其他任何饲料。午饭时，比我们先跑四五里准备各自的炊事。一到就应该卸鞍解辔让马休息几分钟，但他们多数都没有照做，这大概是天气炎热，骑士太疲劳，急于早办完事好赶快休息的原因吧。出于这种急急忙忙的心情，他们往往一卸鞍解辔就把马牵到干净的地方，这样马一闻着地上的味道就自己选择舒适的位置横卧下来，随意翻来滚去抹掉身上的汗水而取乐。抹完后，马一站起来，骑兵们就又把绳子套到马的脖子上，同时又用脚绳把爱逃跑的马的蹄子绑起来防止它们跑掉，然后就把马放在草地上。卜魁到恒信堡之间的小路是不毛之地，人烟稀少，只有零散的几家小店在路边，连个农夫都见不到。这里远不及呼兰附近一带，但还算是很好的牧场，所以到处可见到牧羊小屋。草肥茎短，所含水分不多，比干草味道浓厚，不像我国的软草那样马吃了就拉肚子，很不可思议。士兵们吃完午饭抽支烟，休息一会后，如果是没有井水的地方，他们就各自把马牵到野外有水草的地方让马喝点清水再上鞍套辔。这一带虽然属于空旷沙漠地，但还是有清凉的井水，水量也很多。放牧后就打水饮马，其他一切饲料都不喂，大概是因为远途无法携带且当地无法供应。但也不见马有明显的大病。这不知是不是因为马种本来就强壮而且牧草质量也好。快到夜宿的地方时，他们又像上午一样离开我们先奔向目的地，但卸鞍之前，必定把马系在栏杆上让它们休息20分钟左右，等到马的气息平静下来后再解开，选个干净的地方把它们牵到那里任它们翻滚取乐，直至抹掉全身的汗水、灰尘，连身上的毛发都呈现出光泽，看的人自然也感到爽快。这方法既简单又有训练的功能。傍晚放牧的时间大概3个小时，放完再把马拉回来系在杆上，并没有让它们养成整个晚上卧着休息的习惯。不只是军马，就连普通的马也是这样养的。所以除了疲惫不堪、耐不了劳役的以外，几乎看不到横卧着的马匹。俄国哈萨克的军马的习惯大概也是一样的，就算是碰上风雨寒暑也不见有任何防护准备。这是在放任它们本来的野性时不知不觉养成了这个习惯，还是注意小心地不去改变马匹的本性而形成的饲养法呢？这还是个未知数。

一天的行程平均要跑我国的8~10里，行程中要渡的泥泞湿地和要越的陡峭小道颇艰难，但不耐疲惫的马匹并不多见。这难道不是马的原来的素质就是如此，再加上养马的人并不特地去矫正马的野生素质的结果吗？

恒信堡以东是草贼的盘踞地，所以护卫兵增加到20名，打着扎兰的旗枪。

这个马队虽然是驻扎在卜魁的，但为了剿匪，在恒信堡旁边有分屯，军马的饲养方法也和上面的有些不同。经过的地方人烟稠密、耕地很多，不便放牧，因此随处把马系在马厩的横木上，在刳木饲槽里放进新草喂马，除此以外没有别的饲料。草料中马最嗜好的是稗子茎，这里为了做饲料种了很多稗子，看来是土地都开拓了，没有留下牧场，而且这些稗子都有结穗又兼有充当饲料的功能。马队通过路上的田地时，马自由地吃高粱、粟穗，队伍里也没人制止，更别说百姓了。在呼兰见到的饲料一般都是粟稈，这里以西的地区用的饲料多为豆饼，大概是这个地方的农业旺盛，有各种榨油制造厂，而其中最多的是豆油。炸了油的豆渣叫作豆饼，作为牛马的饲料。这里有很多豆饼，所以牛马的饲料用得最多，也是最有营养价值的。它的形状就像我国的油粕，直径 25 寸、厚 5 寸、重 25 斤，一块豆饼大概 240 钱。在吉林安字营听说一块豆饼可当 3 匹马一天的饲料。冬季主要用这种饲料，可能它的营养成分高，足以补充马的体力吧。别的动物在冬季劳动时，如果给它们喂加上豆饼的刍秣，很明显地就能看到它们的体力在增加。

看了看榨油的方法，那机器非常粗糙，豆饼中还有很多的油分，所以很有光泽，还有完全没有榨到的一粒粒豆子，就知道它多有营养了。我国本来也有制造豆油的习惯，现在产量也还很多。如果用豆饼来做军马饲料之一，不仅可以扩充军马饲料的种类，还可以像清国那样养成储存饲料的习惯，这是饲养军马不可缺少的。

满洲豆饼最多的是中部和南部，它几乎占牛庄港输出品的第一位，运到南部地区去做农耕肥料，所以在满洲南部反而很少把豆饼当作饲料。从呼兰到巴彦苏苏的路上马贼出没无常，几乎没有商人往来了。所以护卫兵人数增到 30 人，举起 2 杆扎兰旗。护卫队伍比以前要严肃，也比较可观了。军马的饲养方法自然也就比较有规矩了。就是在这时，我才获得观察满洲军马饲养状况的机会。它们的饲料随地而取，有时是干的，有时是湿的，但并不见马有挑食的现象。饲料之中，最多的是高粱，其次是豆饼和粟子。大麦产量很少，不用作饲料。看得到燕麦的只有卜魁以北的地方，大概是要往俄国输出的。呼兰和巴彦苏苏之间沿道的主要饲料虽然是高粱，但越接近城市，豆饼的比重就越大，甚至成为第一位了。我们雇的车在巴彦苏苏买了大量的豆饼，足够充当 5 匹马从三姓南边经山地到宁古塔这 800 里路途的饲料了，搬运起来又很方便。

在巴彦苏苏协领某氏说："这里到三姓之间属树木茂盛之地，匪贼来袭特别多，护卫兵加到 40 名吧。"我坚决推辞不接受，直到马队成员减到 16 名为止。这些马都很精干，它们的饲料和其他的也只是大同小异，草料多数是粟稈或稗杆，饲料虽然多用粟，但有时连粟也不喂，马体也很健全，根本见不到疲惫的马匹，可知其马有多精良了。

到了三姓就见不到豆饼了，因为它位于满洲的边缘东部，农业还不发达，又缺乏制造业。所以杂谷也比其他城市贵且少。这里供作饲料的也只是粟子和高粱，草料也只是用杂谷的杆而已，青草只在偶尔放牧的时候才喂。走遍整个满洲都见不到割下青草存储起来放到冬天做干草饲料的习惯。经过该城到宁古塔之间是牡丹河的河岸,这是 4 年前,也就是我国明治十五年(1882),钦差大臣吴大澂率领亲兵新开凿的岔道。人家极稀,车辆本来就不通,虽然有马队通过,但还是很不容易的,所以到处都在放牧。至于饲养方法,比起前面提到的地方就更粗糙了。因为这条路开的时间还不长,大都要隔 1 天行程的路才有 1 个官站,除此之外就几乎没有人烟了。加上岔道崎岖险峻、水深泥陷,在这里牲口的劳动是最不容易的。不过三姓的军马都是好样的,特别是给我做护卫的军马没有一匹是病倒在路上的,而这些军马令我们相信养牲口的要点只是在习惯上。第一次看见这些军马装有铁蹄是在三姓,黑龙江的地形接近沙漠,那里的地质又是沙土相伴的较多,陡峭的石地最少,夏季军马不装铁蹄大概就是这个原因,军马的饲养方法也不像别的省那样提供定额的饲养费。又听说黑龙江的军马冬季在冰上跑的时候也装铁蹄,这是不是真实情况并没有搞清楚,因为从三姓经过宁古塔一直到进入吉林街道,铁工兼打铁蹄,到处都有打马蹄的铁工。但是黑龙江没有见到过这样的铁工。

从宁古塔以西的吉林官道经过盛京到牛庄的这段路开拓了很多耕地,人烟也随之密集起来,无论是村庄还是城市都一定有一些大大小小的客店,给旅客和牲口提供各种方便。旅客可以从这些店里买到需要的饲料、草料以供路上给马食用。沿道提供的草料都是粟秆,饲料中有高粱、粟、荞麦和大豆等。虽然各地的饲料都不同,但马一样照吃,不见有任何好恶变化。马的主人也没有想到要选择。一进城大家都把豆饼、高粱当作常用的饲料,大豆是半熟的烤豆或是稍微煮过的,这样就总会含有一些水分。按马匹数预先把豆饼捣成碎片再加上水来喂,有时也掺上各种杂谷。在吉林安字营听说冬季军马的饲料一天要草料 10 斤、大豆 2 升,大豆比豆饼更有营养。喂法是一天三次,这个习惯几乎全满洲都一样,其他的牲口也没有不同。沿道各地大小店所设的马厩栏的长度只有 2 间多,把它平均隔开,放上饲料槽同时喂 6 匹马,每匹马的地方只有 1 尺,所以马头几乎是挤来挤去的,但并没有造成马蹄相踢的争食场面,实在令人佩服。而且夜里就这样系在横杆上,也不让它们躺下休息,清晨马的主人一起来就拉着马到饮马处让马喝水,再拉回来系在横杆上让它们休息。这件事做得特别认真。

我遍历满洲各地,看见很多高级军人喜欢骑骡子,在卜魁时见到几个骑骡子的军官,当时以为那只是他们的个人爱好,但到了吉林才知道所有的高级武官所骑的并不是马而都是骡子!不过在马队里还没见到这种情况。骡子的价格比普通的马要贵两三倍，所以马队里还没有人用它，但所有的武官都以骑骡子为荣，旁观者也非常羡慕。不过骡子只是清国武官的宠物而已。我在这里要强调的不是用来骑，而是最具有拉马、驮马性质的，最能吃苦耐劳的就是骡子。我从吉林到牛庄港的这段路雇了3架骡车，从实际经验中得到了研究的结果。行程一天平均100清里，那速度都是奔驰的，终日鞭打，跋山涉水，不但不见有丝毫疲惫之态，还不见它们出过汗。骡子的耐劳精神是马不能相比的，骡子是始终保持同一速度轻蹄快跑的最优秀的品种。它的饲料和马一样，只是外表看起来比较迟钝，但还是可以听从马丁的号令，懂得前后左右的，而且饲料的消化速度又是马所不及的。骡子既强壮又没有踢人、咬人的坏习惯，应当说是最适合拉物、驮物的动物了。

可是，从吉林到盛京，却习惯用骡子来驮运，大概这种骡子是没能力的，没有人愿意骑吧。一头骡子驮大概200斤，一天要跑80～100清里，赶着它们的人都把几十头骡子套在一起，不管是泥淖还是险峻之地都照样赶。大概现在到吉林以西的地方用马的只有1/10吧，10年以内肯定会全换成用骡子了。因为现在以骡代马的情况在满洲南部已经有数年了，至少从事马车事业的人是知道它的好处的。我在吉林雇车的时候，车主说的话就足以证明在满洲北部改变用马的习惯为期不远了。他说："我车上套的不是马而是大个子骡子。"这是有意让雇主安心的又一个例子。

满洲军马饲养的方法大概就是如上所述。看到的畜类的饲养方法是以传统习惯为第一的。现在是我国改良军马的时候了。观察他们的饲养方法，斟酌取舍，对于我国军马饲养的区域不是有很大的益处吗？

第十一章　满洲的粮食

　　我遍历满洲各地时，首先是由黑龙江以北的地区进入的。东抵吉林东部的三姓，南经宁古塔，西由吉林官道经奉天、辽阳各城到达牛庄港。这之间无法经过的只是和蒙古沙漠地区接壤的松花江上的官道而已，其他满洲的东、北、南三个地区都经过了。所以得到了实地调查满洲粮食情况的机会，并且在旅行中各城都派出若干马队做我们的护卫，于是我又得到了观察满洲马队情况的机会。我始终注视护卫马队的饲料状况，以此作为调查满洲一般粮食的一个方法。我所注意的是看满洲各地以什么为主食，以此推论那个地方出产的谷类的多寡。各地所产的农作物的不同，当地百姓的嗜好自然也就有所不同。但是马队马匹的饲料随处而买、从不挑食，这一点引起我极大的兴趣，因为这和各地所产谷物的多寡、种类的不同而决定人们的主食又不一样。下面从黑龙江开始依次叙述。

　　黑龙江虽然多产小麦，但大家都知道卖到俄国会得到很大的利润，所以不把它当作嗜好品，全把它当作第一位的输出食品，所以小麦是最贵重的，平常没有把它当作一般人的主食的习惯。他们的主食是粟米，其次是小米，虽然也用荞麦，但荞麦的产量并不高，所以黑龙江一般的主食只是粟米和小米两种。而粟米并不只是人们的主食，同时也是牲畜的饲料，剩余的粟米用来酿成当地有名的火酒，产量很大。城里虽然供应一些面粉和荞麦，但几乎像是奢侈的食品。看看现在这里下层人民的习惯，他们每个月只有两次，即初一和十五这两天才能得到白面或荞麦粉的供应。客栈里一天两顿饭也是一顿粟米、一顿白面。其他吃白面、荞麦的只有上流的官吏，护卫马队的士兵大多吃粟米，白面只有在改善伙食的时候才吃得到。有时连一粒谷子都没有，只是把冬瓜煮熟了充当一顿的事也不稀奇。其他人也做各种饼子当面包，或是随时随地煮大麦或玉米当饭吃。我们很难肯定他们的嗜好到底是什么。肉食的话，他们最喜欢的要数羊肉。大概是离蒙古近的人多，多数人都好像很喜欢吃羊肉。有一天，十二三个骑兵仅一顿晚餐就吃掉了一只羊，而且这时不只是吃肉，还吃了六七大碗粟米饭，他们的胃口实在大得不得了。这次旅行中骑兵大都带着羊肉酱，吃粟米饭时拌作菜。由此看来，这个马队是以粟米、小米等作为主食的。也就是说，所有的谷物都是他们的粮食。这个马队由不同的人组成，有满洲人、达斡尔族人、索伦人、蒙古族人等。他们和吉林、盛京的人比起来要落后一些，虽然还有淳朴的风情，但也有早婚的陋习。因此身材高矮大小不一，特别是妇女，矮的特别多，不过有吃肉的习惯，所以还不至于有瘦到皮包骨头的人，可见肉食对身体是有益的。

满洲人不只喜欢吃酱，生葱、大蒜也是不可缺的蔬菜，大蒜是最好的配菜，价格比生葱还要贵。在满洲，好的大蒜是宁古塔产的。三姓、吉林等地都靠这里供应。一般都是在水土不同的地方以吃大蒜为防止流行病的良药。旅行中我们一行人亲身体验并证实了它的效果是很显著的，特别是在除湿防寒时非常灵。虽然满洲到处都有生葱，但大蒜在吉林以西的地方很少产。

宁古塔到吉林之间虽然还用高粱，但粟米已经是主食了。虽然客栈里也有稻米，但多数只限在城市附近。在满洲稻米属于最贵重的谷类，不只是它的价格最贵，产量也不多，所以根本不可能在这里得到大量的稻米。但面粉和黑龙江相比就稍微多一些了。农家养的猪在这里的肉食中排第一位，到处都有。城市里又有很多牛肉，卖牛肉一般是伊斯兰教徒专门从事的业务，满洲本地人不卖牛肉，所以一路上在客栈里几乎是吃不到牛肉的。每个城市里都有伊斯兰教徒专用的客栈，为他们提供方便，这些教徒不但只吃牛肉、羊肉，还不吃别的宗教的人所宰的牛和羊。想要在满洲征用肉食，必须先得到伊斯兰教徒的合作。不只因为伊斯兰教徒严重地受到其他宗教的排斥，和其他宗教的信仰者水火不相容，他们还比其他宗教的信仰者要开明一些，不像那些清国人那么顽固偏执，他们对官衙经常有抵抗情绪。所以我们进入满洲，一定要诱导这些伊斯兰教徒，了解他们的行动方式，对我们来讲，这是很有利的。

吉林以西的地方，特别是过了辽阳到牛庄，高粱就成为主食了，同时也吃各种面食。只有在客栈才能得到较多的稻米，可以看到这个地区一般性地缺乏粮食。稻米是奉天附近产的，但产量并不多。如果说盛京的主食都是高粱也绝不过分，而且高粱在这里具有日常不可缺少的性质。因为高粱不只是人、马的主食，多余的还可以用来酿酒。此外，这里位于平原，尤其缺乏薪柴，高粱的茎秆既是燃料来源，又是冬季架桥梁、造篱笆的材料，有很多用途。我在整个旅途中吃了各种谷类，在我的经验中得到的体会是，除了稻米之外，高粱第一，小米次之，粟米最差，大麦之类我们这次旅行中只吃过一次，它本来就不应算在满洲谷物之中。

食用动物之多以满洲为第一，以下就经过的各个城市做个概述。

卜魁邻西接海拉尔，牛、羊都来自这里，所以食用动物很丰富，居满洲第一位。从这里送到俄国布拉戈维申斯克的牛、羊数量，据我在路上的统计多达538头。从这里转运到松花江下流殖民地，最后送到边疆东部三姓城的家养猪都是在这附近的村子里养的，数量也不少。从这里到呼兰、巴彦苏苏、三姓等地的食用动物中虽然缺乏牛、羊，但与其相反，家养猪很多，由此足以推论出他们有吃肉的习惯。送到东南部宁古塔的牛、羊全是由吉林输出到俄国吹风郡而不得不经过这里的。猪一般都是在各地养的。一进入盛京城，牛、羊、猪就都是从蒙古边外来的，数量也很多。

从上述情况来看，满洲各地没有缺少猪的地方，而牛、羊两种也许不容易在村子里得到，但在人口密度稍微高一点的城市里就容易大量购得了。吃猪肉最多的与其说是西北部，不如说是南部。所以从吉林经奉天到牛庄一路的市场上，每天都可以看到一些猪。每家所养的猪比起上述各地又要多一些。在路上可以看到很多从长春厅送往南边的成群的猪。因而在满洲征发猪是最容易的。

如上所述，满洲人有吃肉的习惯，而最常吃的是猪肉。听说食用动物中家养的猪是最下等的，它不只营养最少，对人体也许还有害处，讲究卫生的人是绝不吃猪的。但实际上我观察的结果和他们的讲法有所出入。因为我走过满洲各地，详细观察他们的食品资源的情况和这些资源与人体之间的实际关系，发现的结果和他们的讲法是相反的。尽管我本来并不是专家，但我不但能证明猪肉对人体无害，还相信它绝对比鱼肉对人体更有益。满洲人的体格虽然高矮不一，但多数人面貌丰腴又有光泽，几乎见不到面色沉郁的人，这虽然和人种本身有很大的关系，但难道没有肉食文化的影响吗？

我在上海的时候，偶然碰到某军医，他向我询问满洲和俄国西伯利亚的风土、气候、卫生等情况时，我也就猪肉的疑问向他请教。他微笑地拍拍手说："我驻扎北京那年，去满洲南部旅行时，就知道猪肉的营养成分对人体绝没有害处。从那以后每当和别人谈论这事，我越发确信自己的观点。"

这话是符合学问上的理论还是违背学问上的理论，我虽然不知道，但实际上验证的效果非常好。如果我们暂时不论体力强弱，只看邻国的风俗习惯和我们的背道而驰，这就是我军所不希望的。因为扩大肉食的地区就会加强他们的体力，难道这利害关系还不够清楚吗？

第十二章　新税的布告

通过黑龙江、吉林时，我们不断看到的是设税或增税的布告。这肯定是因为直到最近，各城不只是为了边防的冲突事端，还要勘定马贼，不得不到处分兵驻防，所以需要大量的兵粮、经费。但这也应该看作满洲开发进步的象征。下面抄写一两篇布告以示其内容。

黑龙江大岭子庙，即兴安岭的布告：

新设兴安城总管委员，收纳按照省城章程：牛马驴骡按三分纳税，杂按三分六厘征收等因在案。今该处衙署立营，亦有规模，自应次第举行，以裕课税，除劄该总管遵照，由十月十五日起设局，委员按照例章收税，发给印票，以杜偷漏外，合行出示，为此示仰旗民人等并过往贸易商买人等知悉。按照后开条款，如连牛马牲畜杂货等。项到局，即行照例交税放行。如有偷漏隐匿绕越等事，一经查出，或别经发觉，即将货物照例入官治罪。各宣凛遵毋违。特谕。

右谕通知：

光绪九年九月廿九日

计开：

一项牛马驴骡羊猪。按三分纳税。

一项蘑菇、木耳、鹿茸、棒子、鱼骨。

一项烟酒油麻。

一项羊皮、牛皮、鹿皮。

孙家店（从巴彦苏苏来三姓的路上）的布告：

经费甚巨。当此际只有以本地之所出，供本地之所用。查呼兰出产粮食为大宗，并无官设斗值，随便昂低，终属病民。自应查照奉吉章程，添设官斗官秤，设局经收各税，复抽厘捐，以充公用云云。巴彦苏苏一带，山谷僻菁。稽查不到之处，私种罂粟，熬膏出售者亦多。虽文告之，利之所在，终未尽绝根株，以致商贾贩运，络绎不绝。如欲戒止吸食，必须重加釐税云云。

计开条规：各城镇大小铺户，行驶斗秤，照依定式制造，由官打烙火印行用。每斗一面，秤一杆，每年各纳税银三两，均按三年，更换一次。自此次领出之后，不到三年，不准再请，以示限制。其有续开铺户，方准随时请领，亦不准有斗秤牙行名目，以杜弊端。城镇市集，无论大小铺户，收买粮食，均按每斗。由卖主名下，代为抽收厘捐制钱三文，秤三杆。油纳榨税，酒纳筒税，毋庸重征外。所有烟麻杂货等物，按价值十吊，抽厘捐一百文。其不及十吊者不纳，以示体恤。每日共收若干，赴局呈交。如经收铺商，查有收多报少，偷漏情弊查出，照例加倍罚办云云。呼兰、巴彦苏苏、北团林子各税设局一处。委员会同地方官。经办斗秤等税云云。

一此次征收烟厘，由买主名下抽交，以贩主即系买主。一经接买入手，即行报明，点数照章纳税云云。每包50两，照依奏定章程，交纳厘税银4钱4分。如不得利，转运他处，由局请票经过地方，呈验放行云云。

瑷珲、兴安、墨尔根、齐齐哈尔、呼兰、巴彦苏苏、北团林子等地都有税局。从蒙古一带到齐齐哈尔来的牲口，在该城课三分三。从这里输到黑龙江时，经过墨尔根的牛马一头要一吊，兴安课三分三，瑷珲课三分三，所以从齐齐哈尔送到瑷珲的一头牛的税金说是要高达3两。

吉林的如下：

在宁古塔和吉林之间的双岔河看到的洋药课税的布告，其大意是说，光绪初年在某津口洋药课税得到了40万两。之后该税金上升到90万两之多。现在把这个事业也在别的省里实施以助军资的话，可以增加人民的幸福，即要在这里设成规，无论是行商还是坐商一律一票的价是24两，以10斛为单位，每斛纳税2钱。但是各地的斤两单位不同，纳1分2厘5毛。这个成规是光绪十一年（1885）五月初一日开始实行的。

在吉林城的税局有税课司、烟酒总税局、牛马税局、木税局、参局、输捐税局等。宁古塔、三姓、额穆索等地都有税局。吉林将军木税分局在岔路河，伊通州税务分局在赫尔苏站，吉林将军衙门税务处、吉林将军衙门税务处洋药捐输分局在南城子，牛马税局在威远堡门，兴京分卡税局在开原县，木税局也在开原县，兴京分卡税局在铁岭县。

《满洲纪行　甲》终。

满洲视察复命书

池上四郎^①　　武市正干^②　　彭城中平^③

一、绪　言

1872 年（明治五年），朝鲜问题刚刚发生之际，参议陆军大将西乡隆盛就开始深刻思考日本、朝鲜、清国等东方国家的前途。他和当时的外务卿副岛种臣、参议板垣退助等人商量计划派遣陆军中佐北村重赖①和陆军大尉别府晋介②以实地考察员身份到朝鲜，同时委任池上四郎和武市正干作为外务省十等出仕，与外务权中录彭城中平一起到满洲，分别考察朝鲜和满洲的地形、政治、军备、财政、风俗等。因此，池上、武市、彭城三人于 1872 年 8 月 8 日接受命令，16 日从东京出发，9 月 1 日到达上海；9 月 17 日从上海出港，21 日到达芝罘；同月 26 日从芝罘出发，28 日到达营口，并在营口继续逗留了几个月。1873 年 4 月，武市暂时回国。池上从营口继续前往满洲内陆地区旅行，侦察那里的地形状况和风土人情。他们收获颇多。同年 7 月 7 日回到日本，并向政府提交了这篇复命书。现在审视这篇复命书，不得不说它的内容已经显得有些陈旧了；但是证明池上、武市等人对日本、朝鲜、清国等东方问题的考察是何等的细致周到。现在公开这份资料，恰恰证明了当时的征韩论绝对不是空谈阔论。

---

① 北村重赖（1845—1878），明治维新时期高知藩士。1872 年和河村洋与一起以花房义质外务大丞随员的身份前往朝鲜，装扮成朝鲜人在朝鲜内地进行了 2 个月的侦察工作。西南战争时奉政府之命回乡，没收了立志社的武器；送往大阪后再次回到高知，34 岁时在高知死去。

② 别府晋介（1847—1877），又名景长，明治维新时期鹿儿岛藩士。1871 年任近卫陆军少佐，1872 年和北村重赖、河村洋与一起以花房义质外务大丞随员的身份前往朝鲜，装扮成朝鲜人在朝鲜内地进行了 2 个月的侦察工作。1877 年参加西南战争，失败后与西乡隆盛一起在鹿儿岛自杀。

二、 复命书绪言

1872 年壬申 8 月 8 日

外务省十等出仕池上四郎

同武市正干

外务权中录彭城中平

　　1872 年 8 月 8 日，我们同时接到前往清国牛庄的命令。我们三人奉命于 8 月 16 日一起从东京出发，当天到横滨出港，18 日因某些原因需要换船，所以在神户靠岸。我们在神户逗留期间去见了郑少丞①，和他进行了细致的谈话。同月 26 日从神户出发，9 月 1 日下午 2 点到达上海，并寄宿在上海的日本商人田代屋弥平家里。随即我们去领事馆拜见了神代延长②，并在他的帮助下雇用了宁波人周紫卿担任翻译兼向导。16 日晚上我们搭上美国邮船四川号，第二天即 17 日早上从上海出发，同月 21 日拂晓到达芝罘。同月 26 日我们又从芝罘出发，28 日到达海城县下辖的营口，之后就一直逗留在营口。因为一个翻译不够用，我们又雇了一个姓王的盖平县人，但是他人品不好，所以一个月后就将他解雇了。后来我们又雇了山东莱州人姜延春、任德昌，他们两人几年来一直在北方各地游历。之后我们就方便得多了。最初在上海雇佣的周紫卿，我们在今年 4 月 10 日将他解雇了；武市正干回国时顺便把他带回上海。同月 20 日池上四郎带着姜延春、任德昌两人离开营口前往内地府县巡游考察，5 月 3 日回到营口。5 月 9 日筑波御舰来到营口港海面停泊，伊藤少将③等 7 人乘坐小船上岸。因为海上起了风浪，他们在岸上

---

① 郑少丞（1829—1897），即郑永宁，外务少丞。姓吴，名又十郎，生于长崎唐通事家，过继给郑成功胞弟郑宗明第 6 代后人郑干辅做养子，是明治时期在日清外交关系中表现活跃的外交官。曾编译《大清会典》。

② 1870 年 7 月日本在上海设立开店社，作为日本商人的联络机关；神代延长是三位首任驻在员之一。开店社是日本驻上海领事馆的前身。

③ 伊藤隽吉（1840—1921），京都人。筑波舰舰长，后升任海军中将，明治建军的功勋之臣。

住了4天，5月13日早上回到舰上。第二天即14日，因为担心会出事，池上四郎一行突然撤出营口，带着叫申尚元的清国人登上英国汽船大沽号，于18号晚到达上海。在那里整理行装后，池上四郎购买了一些北上要用的必需品。池上四郎还想去北京一带看看，所以留了下来；我则带着申尚元于6月18日搭上了美国邮船马斯塔莉卡号回国。因为某些原因我们在长崎县住了一△①；7月1日登上美国邮船葛伦迪安爱丝号，同月7日回到东京。现在将在清国的见闻报告如下，敬请参阅。

1873年癸酉7月

外务权中录彭城中平印

---

① 原文如此。

三、 在清国逗留期间的见闻 （上）

去年秋天，我们到上海后寄宿在田代屋①。第二天来了一个俄国人，询问店主："听说昨天从东洋来了三个官员模样的人，住在你这里，他们此行的目的是什么？"店主弥平答道："他们不是当官的，都是商人。现在在清国各个港口开店做生意的机会很多，他们大概是为此而来的吧。"那俄国人说了声"原来如此"，也就离去了。这件事是后来听弥平说的。

到达芝罘后，寄宿在一个姓汤的人家的后房。那时几乎每天都有清国官员模样的人来访，询问我们的来意；他还提到日本和朝鲜发生了一些争执，说他听说好像要打仗了，问有没有这事。我们回答说："这种事情，我们做商人的一向不闻不问。因为清国打开国门同外国交往，谁都想在这里争个先，芝罘和天津、牛庄等地或许也有贸易的机会可以有所作为，我们就只是为这些机会而来的。"

在营口反而没有人来询问这样的事。

近来盛京②的将军都某非常关心军事和政治，经常就大兴军备的事上奏皇帝，并且经常调集、操练他管辖之下的常备兵。

黑龙江的将军、府尹③等官员也同样尽心尽力。

甘肃的匪患，现在还没有平定，为此陕甘总督左宗棠正绞尽脑汁进攻征讨。虽然连战连胜，但是匪贼的气势仍然很嚣张。这事经常登在上海的《申报》上。

政府的上层官员为军备之事煞费苦心，但是士兵们动不动就偷懒，成天萎靡不振的，技术很不熟练。

每年除正常的税租以外，每个月还从全国商人身上征收合计 40 万两的银圆，说是作为救济蒙古老幼的费用。

---

① 田代屋，1868 年 8 月由田代源平在上海苏州路开的肥前陶器店，同时兼营旅馆，供日本人住宿。1879 年，因继承家业回到长崎。1888 年，再次来到上海做煤炭生意，这时的店主应该是田代源平本人，上下文中的弥平也许是别名。

② 现在的沈阳，下同。

③ 府尹，官名，掌府政之长官，多设于京城府及陪都府。

官吏贪污受贿之事越来越多，对外宣称是捐税。内地只要稍微热闹一点的道路，处处都新设哨所，他们在这里斟酌选定商人的商品，以银圆或商品的形式，索取特别的钱财。为此商人们叫苦连天，现在他们的生意很难做。私下里听说那些被征收的银圆和商品，一半都进了衙门官吏的腰包，剩下的才交公。

至于米税，管理、检查和征收的官吏，验粮的时候不停地嫌弃米的质量差，以此为理由将米退回，要求重交。一旦退回，当天晚上就有人来劝他们贿赂官吏，说只要贿赂了，第二天再把前一天的米拿去验，那官吏也会说："这样的米就很好了，可以上交。"这样就可以过关了。

由于这些情况的存在，在官场的名人虽然很多，但历练不出好官员。大家都说像现在这样压迫下层民众，大清王朝不久就要瓦解了。但是俄国人认为，现在清国只要睁开眼看看世界，醒悟过来并奋发图强的话，还不至于亡国。

在边远地区，如蒙古的库伦站、张家口，还有伊犁，清国人和俄国人的贸易很繁荣。从清国出口茶叶的生意很多。听说库伦和伊犁等地，从清国去的话，属于遥远的内陆地区，路上有遭遇匪贼拦路抢劫和野兽袭击的危险。西洋人也要组成十几二十人的队伍才敢去那里。相反从俄国去比较容易。吉林的瑷珲也同样和俄国有贸易往来。

在营口看见西洋传教士，他们的热情和耐力实在令人感动：在冰天雪地里，每天都和两个清国人一起在西营口商家的墙外，站在一个较高的地方招呼着街上往来的行人，传教卖书。人群里有人破口大骂，他们也不生气。见到有事走得快的人，他们就硬往人家手里塞书，也不收钱。他们还经常到盛京各县去传教，收买人心。在盛京，他们被称作卖书先生。盛京人一见到外国人就像苍蝇似地拥过来，经常轻蔑地戏弄他们。洋人们也许觉得有些厌恶吧，就坐在车里，看着两个清国人站在车前传教卖书。在这里从事这种工作的洋人之中，数英国人最多。

西洋传教士里，改变装束，从头发到衣服鞋子都打扮成清国人样子的也不少。在街上碰到他们时，很难分辨得出；只有看见他们的眼睛时才知道这是洋人。这样的情况在上海也见得到。听神代延长说，上海俄国人最多。他们有的一直住在城里传教，有的则到上海附近游历传教。

在这里见到的朝鲜人包括盛京两人、海城县一人、盖平两人，全是在街上看见的。

去年冬天听说，朝鲜国王并不是从古代延续下来的子孙。480 年前，山东登州府人李某来到朝鲜国，得到国王的宠爱，而且他的儿子也得到了国王的宠爱。

国王没有王子，最终收养了李某的儿子，并传位给他，而他的子孙一直延续至今。

现在朝鲜国王年少，政权掌握在国王的叔父手上，此人性情暴戾，不管是对大官还是对小官，动不动就打骂。对民众的掠夺又非常凶狠，商人和农民为此深受其苦，没有不怨恨的。前年和美国交战时①的军费全是临时向商人和农民强行征收的。

这个国家和清国的贸易交往是：每年农历十二月初四，3 名领历②的使官率领由 300 人组成的队伍从本国出发，初八到达辽阳城，祭拜朝鲜塔后前往北京。2月 4 日离开北京返回朝鲜。进贡物品为绢布、人参、海参、海带、器皿、纸、做箭头的羽毛、兽皮等物；金银之类一概不进贡。

民间贸易是 2 月 27 日到 3 月 27 日、9 月 11 日到 10 月 11 日、11 月 27 日到 12月 27 日，每年共 3 次，相互开放国境；朝鲜人到清国凤凰城做各种买卖，不过禁止一切西洋货。违反者一经发现，就地斩首。在贸易期间，朝鲜人如果误了关闭国境的时间，就要等到下次再开放时才能回国。清国人不准进入朝鲜；清国国境关口的官员管理非常严格。清国人进入朝鲜就再也回不来了。我们悄悄地问了朝鲜人那是为什么，他们左右看了看，然后低声说是因为这些人在朝鲜就被暗杀了。

朝鲜有常备兵力，也配有弓、矛、刀、枪。但是一到要出兵时，不想上战场的人可以自己出钱请别人代替。朝鲜的每条大道、小路、山坡旁边都立着个石头人或木头人，在它们的肚子上详细地注明了从某处到某处的距离。

朝鲜多产金、银、铜、铁、锡、铅。金都是从各条河里获得的，淘出来的都叫沙金。他们的开采方法，和我国没有两样。其他的金属都通过凿山开矿而得。

听说朝鲜至今都还不懂如何制作黄铜，以为这也是从山里开凿出来的。他们不在自己国内制造钱币，全是用清国的钱币。他们把 10 文当 100 文来用，把 100文称为 1 吊。沙金 1 两的价值，大概是清国钱币的 45 吊。

大米不像清国的那样难吃，质量很好。多产绢布、人参、海草、鱼类、兽皮等。

清国牛庄的开港地是盛京奉天府管辖的海城县下的没沟营的海口，即辽河下流转弯的地方，通常叫作营口。营口离海上的距离用我国里程来算有 4 里③，河

水从东往西流。南岸上的地区用清国里程来算，有东西 20 里、南北 4 里的面积。它的四周，西和北是河岸，东和南是土墙。这土墙上开了 12 个门，都通往内地各处的道路。其中西边河岸 10 里方圆是泻泥半干的地区，无法居住；东边的 10 里分成东西两半，分别叫东营口和西营口。西营口从分界壕向东 6 里之内是清国人的居住区，衙门也全设在这里。东营口的分界壕上并排开了两个营门。门的西边 4 里之内是外国人的居留地。东西 10 里中间有个阁楼，叫关羽阁，当地人也叫它老爷阁。老爷阁在离东境门 7 里的地方；从老爷阁再往西去 2 里半左右有个天后庙。之间的街道商铺众多，非常热闹，道路也很宽阔，有六七间①。从天后庙往南去 3 丁②左右，东边是道台衙门，西边是同知衙门。衙门和天后庙之间有个火神庙。从道台衙门往东南 2 里半左右有个关羽庙，称老爷庙。从老爷庙往南去 2 里左右稍微偏西是一个兵营。常备兵 500 名，分成 10 队，每队 50 名；每队各有 1 名长官，队长都是满洲人。所用兵器有大炮、步枪、矛、箭等。枪炮是旧式的西洋货，是在清国制造的。刀很粗糙；矛是用袋子套着的，木柄长度有 6 尺左右，刃 8 寸左右，全生了锈，不用鞘，刃下用红布包着；弓是用水牛角制作的，有 5 尺左右；箭的长度有 3 尺，箭羽是用鹞鹰翅膀的 3 支羽毛做的，羽根只有 1 寸左右的铁制物，形状像钉子。

道台景某以前是九江的道台，他是今年农历三月十五日到任的，看上去有 50 多岁了。他到任时还有个人坐着轿子来，问是什么人，答是师爷；再问师爷是什么官，答师爷不是官，是给道台当老师的。每个衙门每个官员都有一个师爷；师爷的俸禄不是官禄，他们是道台、同知、府县的知事遇到自己想要的人才，自费雇用的。有自己解决不了或不懂的事时，就向师爷请教，请师爷判断。

这里土壤很不好，多碱气；土质不是沙泥，而是像干了的泻泥。陆地不长草木，但是洲上的芦苇很茂盛。

东南一带是山，近的山也有 30～40 清里那么远，都不高，而且是秃山。

辽河是当地最大的河，仅次于扬子江和黄河。开港场地的宽度是 380 弓③，延至对岸，那下流湾一带超过 500 间，水势很急但水很浊。

这里的土人大都不够笃实，但看上去很强壮；脸色紫红的人很多，他们多嫉多疑。甚至有些人只要给他们几个钱，什么事都能做到。但不能多给，给一点就

---

① 1 间等于 1.818 米，下同。

② 1 丁，也就是 1 町，等于 109.09 米，下同。

③ 清朝时，弓是丈量土地的计量单位。1 弓为 5 尺，360 弓为 1 里。

可以了。虽然给一点钱就能帮你办事，但他们还是好像有贼心似的，绝不能掉以轻心。

住宅区的街道实在是肮脏极了，连冬天都有苍蝇成群结队嗡嗡叫。

房屋是瓦房。虽然也有用木头围建起来的，但多数是用土坯建的。屋顶是在木头上覆盖一层芦苇席，再像涂墙一样在上面涂上一层和泥。屋内或是泥土地或是铺上地板，门窗都关不太严，睡觉的床都是土炕。炕是用土坯砌的，除了炕沿以外，其他的都是用烧不着的土坯砌的。炕里可以通烟，在炕墙上穿过烟筒。烟筒上也涂上和泥，冷的时候就在炕边的烟筒孔里烧火睡觉，一个炕睡四五人。

这里最流行的是赌博。参与赌博的都是官吏、商人，平民反而不见有赌博的。赌输了如付不起钱的话，就用商品充抵。没有商品的人，不管是衣服、家具、机器，凡是值钱的东西都会被夺走。

户数：不详。

人口：25 万。

洋人户数：居留区内 9 户，区外 1 户。

洋人人口：严冬时节只有 19 人住在这里。

领事：英国、美国两馆，其他的都是兼管的。

运输：牛、马、骡子、驴、骆驼都用，但多数用马和骡子拉车，用骡子的最多。

升斗量：用一种圆桶。清国用官尺计算，高 6 寸，上面直径 4 寸，下面直径 3 寸。这是从里面测量的，不加桶的厚度。在营口，这种桶 25 桶是 1 斗。在山东，48 桶才是 1 斗。10 斗叫作 1 斛，也叫作 1 担。斗的 1/10 叫作 1 升。营口的 1 斗相当于上海的 2 斗 2 升、宁波的 2 斗 4 升。

升斗量的形状：

从上面看　　　　　　　　从侧面看

 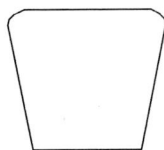

长度：有官尺、裁尺、工尺、匹尺。

1 官尺等于我国曲铁尺 1 尺 4 分。

但是木匠用的工尺，说是用官尺，但看上去比官尺还要长 5 分。

1 裁尺等于我国曲铁尺 1 尺 1 寸 4 分。

1 匹尺是 2 官尺，布店用这种尺。

1 弓等于 5 官尺，等于我国曲铁尺 5 尺 2 寸。

秤之类的单位比江浙南方等地要轻一些。

1 两等于我国 9 匁①6 分。

1 钱等于我国 9 分 6 厘。

1 斤是 16 两，等于我国 153 匁 6 分。

里程：

1 里是 360 弓，等于我国 311 间。

这里 1 间按曲铁尺 6 尺算。

1 亩是 240 弓，等于我国 208 间。

1 亩的地税是小钱 400 文，也就是正钱 64 文。

1 个人要交 44 亩的地税。

官路一天的驿传是 60 里，也就是说官员出差时，一天要赶 60 里的路才能住一晚。

黄金是从边外的金厂（地名不详）送到盛京奉天府的，并在这里的金局熔化，制成金条、金片、金块等金货。营口等地也是从此金局调用来的。看上去金片的质量最好，其次是金条，最差是金块。金片是十足的纯金，即赤金。金块带白色，看上去质量较次。金片的价钱，说是经常有变化。在营口，金片 1 两要银元宝，即纹银 17 两 23 钱到 18 两 23 钱不等，在盛京城要 16 两 18 钱到十七两六七钱。金条也大概以此为准。金块在营口，要十五两八九钱到十六两八九钱不等，金片的形状薄如美浓纸②，大约 6 寸的正方形，1 片的重量约 1 钱。金条的横截面是 3 分左右的四方形，长 6 寸多，这两种金不是十足的纯金而是 99% 甚至只有96% ~97% 的纯度。金块宽 5 分多，厚 3 分多，长 2 寸左右，分量 10 两多。

黄金商人出售黄金时无论金的分量是多少，都会给顾客一张收据。如果日后发现其中有次品或假货，可凭这张收据前去退换。按规定往返路费都由金局负

---

① 匁：日本汉字，重量单位。1 匁等于 1/60 两。

② 美浓纸：美浓国（即现在的岐阜县）生产的日本纸的总称。

担。但是如果这张收据丢失，他们就不负责了。

白银中最好的叫作元宝银。营口的白银是纯银，1 锭的分量既有 50 多两的，也有 10 来两的。盛京奉天和营口都有银局，熔化制银，并在上面加印各局的印章。营口的银，买卖规则很严，官府也无法插手。银价是当地巨商盟约决定的。他们在天后庙中选定一个地方，每天早上各铺来一人商议决定开盘价。规定价格是为了让银商们同意以当日的开盘价售出或买入。这些白银就算是官员也没法自由买卖；附近的县里和远方的商人都托当地盟约商做买卖。集会时他们只能列席旁听，散会后若有急用，买卖的规模限在 2 锭之内；银的买卖之间的提成是二成①，即和二分一样，在这里加二成叫作铤二成。违反这一规则的人，一旦被发现势必会遭受惩罚，没收他的银圆作为巨商盟约的费用。

上面说的金银局，并不是官局，而是商人得到官府的许可而开设的。

钱有正钱和纸钱；正钱叫作大钱，纸钱叫作小钱，也叫纸票钱。这纸钱，商人印上自己的商号、票额和号码后通用；多的 50 吊，少的 2 吊甚至是 1 吊。平常大多用纸票钱，很少用正钱。正钱只在买小物品时用。

钱的定量：

纸票钱 1 吊是正钱 160 文（在盛京是 164 文）。

这里 1 吊是指一千文，也就和 1 贯文一样。

纸票钱 500 文是正钱 80 文。

纸票钱 100 文是正钱 16 文。

纸票钱 50 文是正钱 8 文。

用银兑换钱时，银价高的时候，1 两等于小钱 12 吊 400～500 文；便宜的时候只能换到 10 吊 800～900 文。兑换时以当天的开盘价为准，兑换局收取两成的手续费。比如，当天的开盘价是 12 吊 400 文的话，12 吊 380 文给顾客，减去 20 文。开盘价是 10 吊的话，则从 10 吊里减去 20 文。这是以银两来算，并不以钱数为准。银和洋银兑换时，在营口洋银 1 美元虽然常定为 7 钱 2 分，但如果卖不出去，就降到 7 钱 1 分左右；可是真的有人买的时候又变成 7 钱 4 分左右了。

洋银和铜钱的价值相差很远。价高时 8 吊 500～600 文；便宜时才 7 吊 800～900 文，好像总是以 8 吊为基准。比如价值洋银 2 枚的商品，在当地的商店付 16 吊就可以买到，但是洋行的店铺就不肯。小洋银就格外便宜了，洋银的价格 8 吊

---

① 与现代的两成不是同一个概念。这里指手续费固定为一笔交易 20 文。

时，半美元可以换到 3 吊 300 ~ 400 文。

除元宝银之外还有一种银，圆形，厚度 5 分左右，上面直径 1 寸左右，下面直径 7 分左右，分量有 5 两重。虽然质量不好，但和通用元宝银一样。碎银（即零钱）都是用这种银换算。这种银有点像做工艺品用的银，工艺品用银的成规是 65 银。

洋银只在营口通用，附近的县和内地还不通用。

营口的纸票钱虽然也在邻县通用，但再隔一个县就不通用了。因此旅行非常困难，连零花钱也要用正钱。

纸票钱以盛京为中心在各个府县都开始使用了，流通方法也和在营口一样。

大米。上好大米 1 斗的价格是 8 ~ 12 吊。这是从内地运来的，没有霉味。下等大米是四吊到六七吊 1 斗，这是从南方水路运来的，有些霉味。粳米都没有黏度，好像没有油脂似的。糯米 1 斗的价格是 16 吊左右，是相当好吃的。

高粱是不黏的蜀黍，颜色发黄白①，是当地人的主食，也是牲口的饲料。1 担叫作 1 斛，价格从白银 1 两 4 钱到 1 两 6 钱的都有。高粱秆多用来烧火，也有不少用来代替小竹；高粱的穗用来制作扫把。

大豆。从冬天到春天，不停地从内地水路运来大豆，不顾寒冷，不分昼夜，几十辆马车朝着一个方向而来。大商人都会把大豆买下来储存在自家的地里，用好像芦苇编的席子垫着，堆成直径 2 间多的圆形大豆山，高超过 2 丈。最上面也用相同的席子像斗笠一样将大豆盖上，以防雨雪，到底贮存了多少根本数不清。等到冰化港开的时候，商人才开始卖这些大豆。1 担即 1 斛，卖价银二两二三钱到二两五六钱。不过，根据新老之别也有价格之差，新的便宜，老的贵；新的叫元豆，老的叫黄豆。

各种豆类产品很多，黑豆、小豆、绿豆、白豆、扁豆等。价钱不等，都比大豆要便宜。

麦子的质量很差，全磨成面粉做成馒头、饼子吃。

豆油产量最多，都是从内地运来的。营口也有榨油的，洋人也开设了榨油厂。1 担油 100 斤，价格为白银二两八九钱到三两五六钱。

豆饼，即油粕，以 4 块为单位定价。价格为白银二两六七钱到三两一二钱。

酒是土产的，很不好喝，味道苦涩。

---

① 原文如此形容高粱。

猪肉又多又好吃，1 斤价格小钱 540 文左右（正钱 86 文左右）。

鸡也很好，油多肉肥。3 斤多 1 只的价格是小钱 500 文左右（正钱 240 文左右）。

鸡蛋的蛋黄很大，大的鸡蛋 100 个卖小钱 5 吊多（正钱 800 文左右）。

鸭子也和鸡一样好，价格最低。1 只肥鸭只要小钱 800 文（正钱 128 文不到）。

牛肉很肥，1 斤的价钱是小钱 450 文（正钱 72 文左右），味道中等。

这些家畜的味道鲜美都是因为把高粱当作饲料。

海河的鳞介类很多。不同种类的鱼，捕获的时期也不同，有时是捕不到的。鱼有叫得上名字的，也有叫不上名字的。

酱油和我国的没有什么不同。100 斤卖小钱 40 吊（正钱 6 吊 400 文，洋银约 5 枚）。

有一种叫作大酱的调味品，有点像我国的豆酱，颜色比豆酱黑，很咸，和酱油一起用，价格也和酱油相同。

有用绿豆、白豆做的粉，其质量和葛粉没有两样。

本地不产蔬菜，蔬菜都是从附近的山东等地运来的。有白菜、菠菜、韭菜、葱、蒜、参芫、红白萝卜、黄瓜、茄子等，价钱各不相同。

盐在营口和盖州之间的海滨上可大量生产，都是晒的，不是烧的。

薪柴是用柞树、松树、杨树、柳树、榆树等。100 斤的价格是小钱 2 吊左右（正钱 320 文左右）。柞树最硬，它的果实是用来做蓝色染料的。

木炭有软硬两种。100 斤的价格，软的小钱 6 钱 6 吊左右（正钱 960 文左右），硬的小钱 7 吊左右（正钱 1 吊 120 文左右）。

取暖的煤炭有烟煤和焦炭两种。烟煤硬，烟多，火旺盛。焦煤软，烟少，火弱，可用于窑炉。两种都产自盛京管辖地，直隶、山东等地最多。

北方地区完全没有竹子，都是从南方运来的，价钱很贵。山东有一点小个儿的竹子。

水的质量很差，全有碱味；只有叫作天水塘的塘里的水没有碱味。天水塘在离港河边东南方向五六町的地方，是储存雨水的地方。

马都很棒，其中以察尔科出产的最好。

骡子数山东产的最好。这骡子看上去并不是喜欢跑路的动物，但无论是拉车还是耕地都用骡子，并且不分雌雄。每天都可以看见人们骑着雄骡子。骡子既能忍耐，又有不怕苦的精神。

这里有一种土产的犬，身体很大也很强壮。听说岫岩县下有个叫貔嘴窝的地方，是海口之地。这里出一种大狗，叫作貔狗。身长5尺多，体高超过3尺，双耳下垂，嘴张得很宽，牙很长，嘴角垂着肉，力大无比，能与猛兽抗衡，可能是貔貅吧。古代人"辽东狗成群捉虎"的传说也许指的就是这种狗吧。

物产都是从边外附近朝鲜运来的。

大豆、大豆油、油饼（油粕）、高粱、各种豆类、咸碱、面碱、茧绸（分上、中、下几种）、绵绸（像太织绸）、罗地绢（和盖州产的纱相似）。

山楂、梨子、松子、米仁、葡萄。

海龙皮（即海獭皮，染成紫色）、貂皮（有黄、灰两色，把灰色的染成紫色的价格较高）、狐皮（上、中、下各等都有；白色的为第一等，皮都是挑同一个地方割下后分类裁缝的，价格各不相同）、獭皮、獭绒（拔掉长毛的）、紫狸皮（染的）、山猫皮、松鼠皮（只用后背的皮缝接，价格很高）、鹿皮、獐皮、跳鼠皮、银鼠皮、鼹鼠皮、虎皮、豹皮、貔皮、貉皮、山羊皮、羊皮、犬皮、狼皮、马皮、骡皮、驴皮、牛皮。

海参、海带、虾米（小虾煮后晒干的）、青鱼（即鲱鱼，也叫鰊鱼，连鱼子一起腌上盐晒干）、黄秦鱼骨（北方地区的江河里生长的鱼的骨头）、高丽人参、吉林人参、熊胆（黄色的叫铜胆，是上品；黑色的叫铁胆）、海狗心（即海狗、海熊，这个商品稀少）。

麝香（武泰山产的为最上之品，重量1两要小钱250吊；其他各山的要200吊，即洋银约25枚。这个东西有白、黄、黑3种，白的为上品，其次是黄的，之后是黑的）。

听说麝香是一种叫作麝獐的野兽的肚脐①。这种野兽像小的山獐。我们在营口看见过山獐，它和鹿并没有两样，只是毛没有花纹，脸比较短一点。

营口的冬季，连续晴天的日子很多。吹北风时阳光猛烈；起东风、西风时气温略高，南风最温暖。而起南风、西风的时候往往带来阴云，或下雨，或下雪。这样的气候持续到10月中旬，从那之后就不下雨了。

到第二年春天农历二月上旬，才开始下雨；无论是雨还是雪，都不会下很长时间。长的时候下一天一夜，积雪不到1尺，但雪是不会融化的。

---

① 这里的解释有误，麝香应是雄麝肚脐和生殖器之间腺囊的分泌物。

一旦结冰就不见融化。要到农历 2 月 11 日下流的冰才会开始融化。那融化的情景后面再描述。

结冰的并不只是水，凡是含有水分的东西没有不结冰的。也就是说，酒、鸡蛋、鱼肉、内脏、蔬菜、生姜、屎尿等全结冰。结成冰的酒看上去好像一片片打碎的玻璃碴，一嚼它就变成酒了。酒气是不会变成冰的，只要舔一下就会醉。把那冰片加上开水喝，就和平常的酒没有两样。

结成冰的鸡蛋，拿起来摇一摇还有声音呢。

生姜里含的水分结成冰后就像是沙子一样。融化后的姜就像冻豆腐一样，没有辣味。

结了冰的鱼就是放上十天八天也不会坏。要把鱼做成一道菜的话，得先将鱼放在热水里泡一会儿，刮去鱼鳞，除去内脏后就没味了。肉和内脏要做成菜时也是一样的。

日常用水。各处的池塘里都储存着夏季和秋季的雨水。一到冬天，水面就渐渐结成冰。等冰结到 2～3 尺厚时，就在不同地方凿开一个个孔，像从水井取水一样把水打上来。

饮用水，等到水塘都结冰了，就用斧子砍碎它，挑回家里放起来。在火上加温融化后用来做饭、泡茶。

水壶到了第二天也是要结冰的，根本无法用来盛水，只能经常把水壶放在火上温着化冰。

油，每天黄昏时用火烧化了点灯。

一到农历十二月，每天早上洗完脸，把拧干的毛巾放在一边；在你洗头的时候，毛巾就冻得像块硬板子一样了。

撒尿的时候，看着那还是小便；但在你洗手的时候，它就已经结成冰了。所以冬天臭气一点也不熏人。如果不在日出前将夜里的尿从尿盆里倒掉，日出时分它也一定结成冰了，根本无法倒出来洗尿盆。

每天所倒掉的脏水，都结成冰，比地面还高出 1～2 尺。不到春分时节绝不会融化。农历二月初，还没开始化的时候考虑到冰化了以后会影响环境，所以会雇人把它除去。脏水冰坚硬得像石头似的，他们得用斧子将它劈开才能搬走。

睡觉的炕。虽说是冬天，也还有各种各样的虫子咬人。到春暖花开之时，就会再多出一种虫子来，其形状像壁虱似的，扁圆有壳，像豆子那么大，栗子色，它咬人吸血时比跳蚤还厉害，是很臭的虫子。

　　陶制茶壶里装着水过夜的话，水一定会结成冰把壶撑裂的。

　　半夜，看看盖在身上的被子，对着脸这一边，不是结成霜就是结成冰了。想来，这全是鼻子、嘴巴里呼出的水汽凝结而成的。

　　每天早上触摸身体时，上半身都是冰凉冰凉的，身体又麻又酸。

　　屋里的窗户，别说是纸窗，就是玻璃窗，到了晚上，窗外还有一层窗门是关上的。尽管如此，或许是因为寒气闯进来，或许是因为烧炕引起的热气要从窗户缝溜出去，总之玻璃板上像涂了糨糊一样结了一层冰，厚 1 分多。白天太阳一照就一点点地化了；但奇怪的是摸摸外面并没有冰，像平常一样。屋内炕沿的柱子上挂着的温度计显示，农历十二月初六上午是 12.5 华氏度。而且池上一直在这下面放着个火盆。这是我们在营口最冷的时候。

　　农历十二月三十日，平均气温是 27 华氏度。

　　上述屋里的寒冷状况都是真的。

　　街道和河边的情景。从农历十月开始渐渐下雪，连日吹北风。人们说河水很快就要结冰了。可是到十一月十一日才看见辽河里有碎冰流下来。大的冰块有 100 间左右，小的有 10～20 间。小的急流；大的慢移，似乎没有在流一样。这时，洋船和清国船都已离开，不在港里。当地的手摇小船也全拉上陆地收起来了。到十二月初六，从辽河上游到海口已经是一片冰封了，不知厚度有几尺。那冰坚硬如铁，人、车、马、骡连在一起的马车有好几十辆，络绎不绝，这样的重量在冰上完全没有危险，反而比崎岖的陆路要容易驾驭。对岸洲上的干枯芦苇都被当地人牵着牛、驾着车、拿着挑竹、背着笊篱收割了去当柴烧。冰上来来往往的人群，真是热闹。

　　河的沿岸是泥地，会起霜柱，霜柱厚 1～2 尺，大的宽 4～5 间，小的也有 2～3 间，错落重叠，有的堆到三四层高。

　　河上或是池塘的冰面上，西洋人会在鞋底装上铁条，划来划去，你追我赶地玩游戏。还有当地人在冰上凿孔撒网，过一段时间一个人来拉着网跑，这样可以捕获小蟹。

　　冬季，水鸟之类的一只也没有；看不见鸭子，乌鸦、老鹰也很少见得到。只能见到喜鹊、家雀、沙鸡。到春分时节才能看见很多雁鹤从东南方向成群飞来，还有水鸟和燕子。

　　在这里没有见过草木开花，只有从南方带来的水仙种在盆里用水养着。水又总是结冰，水仙很难生长。洋行的屋里，暖炉旁边养着一盆水仙，其中有一根水仙花叶长到七八寸长。有一天，房东向洋人要了来，送给我们。可我一看，竟然是花凋叶落。问其原因，房东回答说在自己的房间里时，水仙花亭亭玉立，很可爱，所以才送来；但是在路上变成这样，这是被寒冷空气摧残了。

到港口冰封后，别说是洋行，就连西营口本地的商铺，还在营业的都只剩日常用品店了。这里寂寞得像在沉睡，从附近县里来的人们也都各自回乡过年去了。

盐，天冷时就堆在来往路边的空地上，只盖着芦苇席，好像搭着篷子似的。因为不会下雨，所以没关系。

6 个月的寒冷期，房租、工钱、物价，连薪柴、煤炭、食品的价格都会下降。但一到冰化港开之时，所有的物价就又突飞猛涨。

冬天，路人大多头戴毛帽，耳朵也用它盖着；上身穿毛衣，下身穿棉裤，脚穿毡鞋。这种毡鞋是用毛毡做的不用针线缝的鞋子，厚有 4 分多，很暖和。

看看留胡子的人，鼻子下的胡子上会像挂着一串冰玉似的。

严寒时分，我头戴棉里儿的獭绒帽子，身穿皮毛衣，脚上套着面儿是绫罗纱、里儿是猫毛的袜子，再穿上靴子到河边走走，那寒气冲头冲脑，刺心刺肺，鼻尖、手指全没有了知觉。

农历二月十一日，忽然听说河里的冰开始解冻，马蹄声随之而来了。那是我们盼望的时节。我们兴奋地打开后门，跑到河边，可是看到的景色并未解冻。老样子又延续了几天，到了十四日那天，真的有一艘蒸汽船来到河口，它是从天津来的。天津的冰比这里化得早，已经开港了。到蒸汽船上看看河冰，到处都已有裂痕了。河里已有几只清国小船来泊。十五日，从河里冰块的缝隙间已经可以看到清清的河水，水色并不浑浊。十六日早上，突然人声鼎沸，说是洋船入港了。跑到河边一看，河面的碎冰就像去年初冬那样，大大小小的冰块渐渐地往下游流去；冰块已经失去了硬度，渐渐地、无力地化成水了。那蒸汽船很灵活地穿行在冰块之间，慢慢地开进海关停泊下来。从那天开始，每天都有大大小小的洋船、清国船，一拥而来。沉睡的海港好像夜尽天明似的，附近的人们又都聚集过来了。

从没沟营到各地的距离如下：

盛京奉天府，360 清里。

辽阳城，240 里。

海城县，120 里。

牛庄城，90 里。

牛庄城到海城的直线距离是 40 里。

盖平县，70 里。

复州县，210 里。

熊岳城，130 里。

金州城，400 里。

金州城管辖的小平岛，490 里。

从这个岛到山东芝罘有渡轮，顺风的话 1 天就能到。冬天营口港冰封后，可以靠这渡轮通行。

岫岩城，240 里。

凤凰城，480 里。

从此城到朝鲜白白林是 140 里。白白林即义州。

锦州府，480 里。

山海关，1 160 里。

以上各城之间的直线距离都是 120 里，牛庄和熊岳例外。

从奉天府到各地的距离：

兴京，600 清里。

关昌，600 里。

吉林城，850 里。

察尔科，800 里。

黑龙江，1 917 里。

山海关，不详。

锦州府，不详。

北京顺天府，1 469 里。

各地常备兵数：

奉天府 1 500 名，其中骑兵 200 名、步兵 250 名、长枪兵 250 名、箭兵 800 名，由将军监督。

辽阳城，800 名。

海城县，540 名。

牛庄城，300 名。

没沟营，500 名。

盖平县，450 名。

复州县，400 名。

熊岳城，300 名。

金州城，540 名。

岫岩城，540 名。

凤凰城，540 名。

锦州城，700 名。

黑龙江，8 000 名，由将军监督。

吉林，5 000 名，由将军监督。

陕甘（陕西、甘肃合并之简称），1 500 名，由将军监督。

农历三月廿四日从营口出发，前往盛京。路上不换马休息，一直赶路。有时一天走超过 100 清里才投宿，有时走到 70 清里就投宿。虽然有官用道路和主要干道，但刚化冰时到处都是水坑，很多地方无法通车。因此我们就以前方的村庄为目标在田里穿行，碰到有农作物的地方就绕行，不过还是经常和在地里劳动的农夫产生争执。这里的土地看上去沙泥很少。土质很软且黏度大，粘得到处都是。雨后车轮粘着泥土，变得很重，骡马都拉不动。路上车夫经常要拿木板刮泥，可泥土还是不停地粘上来，刮了又粘、粘了再刮，所以雨后不能走长途。而且要记住，如果离预定的旅馆比较远，即使勉强赶路，也必定要很晚才能到达。所以就算日头还高，也不要赶路，提前就近找地方住下为好。因而在选择下一个旅馆时，要看道路的干湿程度而随机应变。同时要记住千万不要走夜路，因为有强盗和野兽出没。旅行者无论男女都带着棒、缨枪、刀、枪等武器上路。这都是为了防备盗贼和野兽。我今天中午在石桥阜村就碰到黄狼，和我们的车距仅有 3 间多，这还是在住家的旁边。池上正要开枪射击，它却已跑得无影无踪了。听说狼经常跑来偷牧场的猪羊和农家养的鸡鸭。碰到这种情况，旅行者、农民、商人，无论老幼都会一齐大喊，把它们吓跑。县城的旅店还可以，但很多偏僻地方的旅店简陋得不像样。我们在路上只吃两顿饭，不吃早餐就出发了。10 点后在路边的旅店吃饭、喂马，途中很少给骡马喂水。

旅店都是大杂院，多半有两个门；也有只有一个门的，把车拉进院子里，就是宽广的卸马场。卸车时喂马，吃午饭时不卸车就直接喂马。店内中间有一条通道，左右各有一排土炕。旅行者就在土炕上吃饭、睡觉。里面有好一些的房间，炕是隔开来的。大店的话，这种间隔有三四间。无论大小店，饭菜都很差，不另点的话连米饭也不给，只给高粱饭、荞麦面、馒头。菜有鸡肉、猪肉、蔬菜等，酒都是高粱酒。

喂马的饲料都是高粱秆、稻草、黍穗等，和高粱混合起来喂。

人们乘坐的车子像是东京府的运货车上面再加个顶篷似的，由骡子牵着走，很不舒适。

这里地方很宽广，到处都有山，但都是光秃秃的。辽阳以南、沙河阜东南方向有座千山。从远处眺望，青青的，有数百座山峰高低凸凹。听说山中平地有很多佛殿楼阁，住着很多和尚。离沙河阜不远，只有18清里。想去看看，但这天碰上下雨没去成。

这个地区开垦得很好，令人感慨，已不能说是不毛之地了。这全靠农民的力量，他们的精神是值得称赞的。一条有5町多的垄，到处都有锄过的痕迹。商人也很勤奋，可以说农业、商业都很繁荣。

从营口到牛庄边，都是杨树、柳树、榆树、刺榆，见不到其他树。但从牛庄到内地，就有松柞、果木等树，梨树和山楂树最多。

农历三月廿八日，在盛京（奉天府）大南门内右边的三益店投宿。那晚有个姓王的官员来询问了我们的姓名和国籍，又问从日本哪里来的，来干什么。我们含含糊糊地对付了过去。第二天早上，来了一个60多岁的巡逻官。他首先递过来两张名片，上面写着"正黄旗骁骑校胡得伦"。他又问我们是哪国人，叫什么名字，来干什么。我们说我们是日本人，叫池清刘和，从营口来；做买卖的时候听说此地风景优美，所以趁春暖时分前来游览，并没有什么特定的目的。他又问有没有带营口道台的路照。我说我们完全不了解情况，如果有这样的规定，我们的行动就不方便了，我们会尽快回去办了手续再来。他又问有没有带要卖的商品和武器，我们回答说什么也没带，因为是随便来看看的。他说既然如此，了解一下就好了，也就无须向将军报告了；只是观光的话，四五天不成问题。我们道了谢。他接着说，观光不成问题，但是每次外出都必须带上昨天来的那个官员。这好像是日本的外事警察。他说怕我们路上会碰到不守法的人和不讲理的事，而且丢了东西官府要赔偿；为了防止这些事情的发生，让那官员陪着我们。他又说无论我们是外出还是留在店内，都会派那个官员的两个部下日夜交替保护我们的房间，以防盗贼。

盛京叫作沈阳，同时，盛京城又叫奉天府，奉天府城郭周长是40里，方形，每边10里，每面城墙开两个门，共有8个门。里面有城中城，城的周长是20里，也是方形，每边5里，每面城墙也有两个关口，共8个门，即南方两关，左边叫大南门，右边叫小南门；北方两关，右边叫大北门，左边叫小北门；东方两关，右边叫大东门，左边叫小东门；西方两关，左边叫大西门，右边叫小西门。这是根据在城里的方位叫的。门上都有两层门楼，全是同样的设计。出了门是瓮城，它的左右又各有一门，城的一门和二门之间是直角拐弯的道路，那左右又各有一门。城墙是砖砌的，高 10 间左右，厚 6 间多；上面就像是一连串的凹字，可以看见枪门。那下面又并开着两排小孔，看形状好像是向左右方向射击的枪孔门；这样的小孔在门与门之间各有 50 个。从城的中央到城郭有 2 里半，城郭是土筑的，不坚固。城内有 9 条街。帝宫金銮殿建在大东门到大西门的中央偏北，朝南。前面有宫门，出了宫门左右又有门：东边的叫东华门，西边的叫西华门；这两个门控制着东西方向的通路。东华门外有将军衙门，西华门外有刑部衙门。殿后从小东门到小西门的中央开了一条衙路，通往宫殿的后门。大北门和小东门的交叉点上有座钟楼，小北门和小西门的交叉点上有座鼓楼报时。这两座楼的街道挺宽，楼下的门能通行，楼外也能通行。郭内的街有 8 条，小巷也有几条，城墙下内外都有可绕一周的通路。城郭的墙下也是一样。

金銮殿用的瓦全是黄色的，偶尔也穿插着绿色的。瓦不是平常的瓦，是做水瓶用的瓦，上面还涂了一层光滑的涂料，看上去很牢固。墙里墙外都涂成黄色，也有穿插绿色的地方。城内的商铺很华丽，生意也很兴隆。城外的人家就很简陋了，看上去都很穷，街道也很差。

现在奉天府的官员如下：

将军，姓都，63 岁。

吏部，姓孔，60 岁左右。

刑部，姓廉，40 多岁。

户部，姓龚，50 岁左右。

兵部，姓庆，60 岁左右。

工部，姓素，60 岁左右。

府尹，姓龚，40 岁左右。

学院，姓张，40 岁左右。

中堂，姓王，40 岁左右。

治堂，姓王，60 岁左右。

司狱，姓夏，30 多岁。

捕厅，姓陈，30 多岁。

粮厅，姓任，70 多岁。

这 13 个衙门在奉天府称为大衙门。此外还有数十个小衙门。向人打听都是些什么衙门，大多说不清楚。

人口 50 万。

户数不到 30 万。

招牌上写着某铺的，是出售绸布、药类等的各种商店。写着某堂、某坊、某记的是出售笔、墨、书籍、玉工、金工等的商店。写着某店的是旅馆、批发商。写着某馆、某园、某楼的是餐厅、戏院等地。写着某院的是学堂、教书先生的家。写着某亭的是茶点、休息的地方。写着"当"字招牌的是当铺，也有的当铺写着"质"字。写着"坊"字招牌的是抽鸦片的地方。这从营口到内地都是一样的。这里的人男男女女都很强壮高大。女的都是大脚；未嫁的姑娘头发都像男人那样编着辫子，出嫁了的则把头发从里向外盘起来，发梢编起来再卷进去，并在发髻上横叉着宽 1 寸左右、长 6 寸左右很薄的金属簪子。簪子是用银、白铜、黄铜、动物的角等材料做成的，也有雕着花的簪子。

东方郭内有个庙，叫天帝庙，也叫东狱庙。庙中央左右并排矗立着数十座高大人像；桌上摆着各种供物，门口烧着许多香，和尚都集中住在这里。这是农历三月廿九日的事。听说昨天是祭日，前后 4 天里，人们群集参拜。我们想下车参观一下，刚走两步，"啊，外国人！外国人！"人们嘴里叫着一拥而上。我们制止他们，叫他们不要挤过来，他们根本不听。对面还有一座庙，造得像地狱一样。道路两旁摆满了食物摊、工艺品摊，小贩不停地叫卖着，就像东京浅草寺。

城郭外 3 清里远的地方，四面各有一个兵营，都对着大小城门。再隔 5 里的地方，四方各有 1 座佛塔，对着城郭的 4 个角落。塔并不是特别高，形状也都一样，全是用砖建成的。

郭外西南方向 5 清里的地方，有条大河，叫作红河。河上没有桥，过河只能摆渡。2 艘船并排，中间横搭着木板，载着人、车、马渡河；马多的话，就牵着让马游过去。河的宽度有 50 间左右；河不深，用船篙就可以触到河底。从这里到营口，运输船常来常往。顺风的话，4 天就到，一般要五六天；不顺风的话，要 10 天左右才能到达。这种船运货时，只能坐 3 个人。海上的潮水可以漫到这里。

皇陵有两处，北边的叫北陵，东边的叫东陵，都在郭外 10 清里的地方。去北陵参观了一下，广阔的松林里坐落着石瓦陵。大门、中门都是石头做的，雕刻得很细致。柱子上下刻着几只狮子。瓦和金銮殿的瓦是一样的。大门和中门之间左右摆着一对对的石雕象、马、骆驼、牛，和真的一样大，也雕得很生动。听说中门内还有石雕人像 8 座，分立左右。通往皇陵的路都是用石板铺的，但两边就是土地了。茂密的树林大概有 10 町，供观赏。松树之间还栽着梅、杏、檀、榆、杨、柳等树。

在这陵墓里长眠的是雍正帝等几位皇帝。掖门外有小屋，常年住着守陵人。想请求守陵人让我们进去看看，但他不肯，说是没有将军的命令不能打开门。在陵前 3 町左右的地方有个离宫，叫作御花园。从那里到郭边都是郊野，只有蔓生植物。那旁边大概 2 日本里①的地方是兵队练习场。到处都是用砖建的高 3～4 间的台子，叫作兵兴台。练兵的时候，将军站在台上，树起军旗，指挥士兵操练。

没有去东陵，听说那里的大小样式和北陵相同，长眠在那里的是清朝开国皇帝及康熙帝等几位皇帝。北陵到东陵的距离是 35 清里。

辽阳城，周长 40 清里左右，方形，没有城郭。城墙高 8 间左右，地形高的地方城墙高 6 间多，厚 4 间多。四面各有一座城门，东门和北门之间有一座小门；北门和西门之间的城外有佛塔，砖建的，高 3 丈多，叫作高丽塔。听说到北京求历的朝鲜公使官兵，每年十二月初八都会来这里祭拜这个塔。这些朝鲜人从自己的国家走到凤凰城，再从凤凰城一直走到辽阳。

城内大路的店铺生意都很兴隆，但外表不好看。知事衙门在东门大道后街路上。那后面有个小岗，是拜祭薛仁贵②之灵的。薛氏是唐朝人。现在盛京所辖之地，本来是属于朝鲜的；而薛氏将它攻下，使其归属唐朝。辽阳和海城县的分界线在离双方 60 清里的地方；那里并排矗立着两座一样的山，叫安山。山间有个小城叫高丽城。有一条路可以穿过它到辽阳。但城并不坚固，这通道长不过 1 町，宽 2 町左右。城墙高 2 间多，到处都破破烂烂的。辽阳城的北门外有条大河，叫泰河，也叫辽河，但和营口的不是一个源头，只因为它和营口流下来的河水合流而已，所以也叫这个名字。这条河分为三股，水很少并且河上有几处沙洲。中河和城外的河之间，靠着东面的小山有一座土城；城门有 6 座，是辽阳的古城。但那里看上去已经破烂不堪，可见已被放置很久了。

海城县的城，周长 8 清里，方形，没有外郭。城门有 3 个，开在南、北、西方向。城墙有的地方高 5 间多，地形高的地方墙高 3 间多，城墙厚 3 间多。城内见不到大的房子和商店。城内东方有个山冈，上面有个什么庙，听说那里是眺望

---

① 1 日本里约等于 4 公里。
② 薛仁贵（614—683），贫苦农民出身，应募攻辽东，着白衣陷阵，唐太宗嘉其骁勇。

城内风景的好地方。

牛庄，没有外郭，城也不坚，城墙高 4 间多。我们进城时已是夜里了，所以情况不详。城内看不出繁华的样子，也不见有大的房子和商店。

盖平城，周长有 8 清里，方形，没有外郭，但四面 7 ~ 8 清里的地方都有要塞。北边是镇石关，凿开了 15 间多的岩石山筑路，路宽 1 间多，长 1 町多。西边也有山道，有宽 2 间的，也有宽 4 间的，是很难走的路。南边 8 清里的地方有关口，东边也有，但具体情况不详。城内商店生意兴隆。各种物产都很丰富。城墙高 5 间多，地形高的地方，有 3 间多，城墙厚 3 间多。城门有东、南两座。南边通往城里 2 町左右的地方有个钟鼓楼。楼下是街道那么宽的通路。门上的匾额写着"观音阁"。知县姓冯，六十二三岁，住在裕发顺旅店。我们去拜访了他，他看上去并不是很贤明。

四、 在清国逗留期间的见闻 （下）

旅行中所看到、学到的东西也许会对我国的产业发展有所帮助。现记录如下：

（1）用稻草造纸。现在清国所用的纸张，上等的是竹子造的，但日常用纸都是稻草纸。这种纸是先将稻草在河水里冲泡 30 天左右，然后捣碎，制成平常的楮纸。

现在制造清国需要的物品，将来贩卖给他们；卖得渐渐多了，这不就变成我国的收入了吗？盛大米的草袋，也像清国那样，用藤葛的皮编织，米就不会发霉，也不会生蛀虫，能保存很长时间。这样的产品，在木曾①、飞驒②、丰后③等山区以及其他的地方制作，不也可以给这偏僻的地区找到一个新的事业吗？我们铺的榻榻米如果渐渐变成了废物，全国稻草的销路现在不就可以找到了吗？

（2）蛤蜊、竹蛏晒干后卖给清国也能获得很大的收益。

（3）乌贼子晒干后叫墨鱼蛋，能卖好价钱，从开春到梅雨季节期间采制。

（4）竖着割开乌贼的肚子，连壳一起晒干，像制作鳎一样，但价格比鳎要高。

（5）以前从清国进口的叫作米素面④的食物，并不是用米做的，其实是豆制品。它的做法是将绿豆、白豆的纤维成分去掉，晒干，像葛粉似的。之后和做葛粉面一样，一次在热水锅里放进 9 条，旁边放着一个盛凉水的平底桶；在锅里烫过后捞起来放进凉水里过一过，然后挂起来晒干——这是山东的产品，多数都卖到南方去了。

（6）清国的蜡烛是兽蜡做的，即马、牛、骡、驴的油脂。制作时，并排放两个锅，一个煮蜡，另一个冷凝蜡。冷凝蜡的锅里放着直径 1 尺多的无底圆木桶。还有一个是用来挂蜡烛的木轮架，这个木轮架直径有 4 尺多；它可以在柱子上自

---

① 木曾，现在的长野县木曾郡。
② 飞驒，现在的岐阜县东部地区。
③ 丰后，现在的大分县。
④ 米素面，即粉丝、粉条之类。

由地拉来拉去，就放置在锅旁。蜡芯是切成 1 尺多的芦苇，用灯芯草卷起来，上面再包上丝棉，和我国的制造方法一样。为了方便挂在架子上，芦苇轴的根还用 1 寸多的芦苇斜着绑结起来。

制法：兽蜡 10 斤加豆油 4 斤，煮化后，移到圆木桶里。等它稍微凝结时，8 丁①大的蜡芯，一次就倒插 17② 根进去，随后不久就捞起来挂在架上晾干。6 丁大的蘸 8 次，8 丁大的蘸 6 次，10 丁大的蘸 5 次，12 丁大的蘸 4 次，16 丁大的蘸 3 次。而做烛芯时，只把蜡烛的头在锅中的热蜡里过一下，便马上捞起来晾干。然后熬木蜡和紫草根，染成红色的蜡；一只手倒拿着蜡，另一只手用勺子舀红蜡泼在蜡上，边泼边转蜡。

（7）木蜡并不只是用栌的果实，更多的是采用八角金盘树的果实。

（8）高粱是穷人日常主要的口粮，也是喂家畜的好饲料。吃起来味道清淡，而且比麦子更容易吃。

（9）多养骡马，用来运输、农耕、拉磨等都非常方便。

---

① 丁，蜡烛的单位。以重量 100 匁的蜡油为标准，做 50 根的话，1 根的重量就是 2 匁。1 匁大约等于 3.75 克。

② 原文是 17，但按制法推论，则应该是 18。

满洲旅行日记

植村雄太郎[1]

---

① 植村雄太郎，福冈县人。详见译序。

绪　言

　　研究俄国的愿望，几年前就浮现在我的脑海里了。但是，在年复一年的繁忙军务中，我始终抽不出时间来，而且又因为勤务地点在小小的驻屯地，无法更有效地学习俄语，因此，直到现在我的想法还一点儿都没有实现。今年，社会上对日俄问题的讨论日益热烈，新闻报纸、街头巷尾的传闻也五花八门。我已按捺不住去俄国实地考察的心情了。在得到联队长森川中佐①的许可后，我利用一般将校军官的暑假，向主管机关说明想法，申请休假两个月，很幸运地获得了批准。我高兴得拍手大笑，匆匆准备好行李，将几年来为了这次国外旅行而存下的部分薪水藏在怀里。8 月 5 日，我带着这一点旅费，从山形驻屯地出发，踏上了书生式的旅途。旅程概况如下：

　　8 月 5 日下午，从山形出发。

　　8 月 7 日，到达神户，等待轮船。

　　8 月 9 日，从神户出港。

　　8 月 12 日早上，到达釜山，考察当地后，傍晚出港。

　　8 月 14 日，到达元山，考察当地后，傍晚出港。

　　8 月 15 日早上，到达城津②，考察当地后，傍晚出港。

　　8 月 16 日，到达符拉迪沃斯托克，逗留至 19 日。

　　8 月 20 日，乘火车从符拉迪沃斯托克出发。

　　8 月 22 日，到达哈尔滨，逗留至 26 日。

　　8 月 27 日，从哈尔滨乘火车出发。

　　8 月 28 日，到达奉天③。

　　8 月 29 日，从奉天乘火车出发，当天到达辽阳。

---

　　①　即森川武，日俄战争时曾担任第 8 师团步兵第 32 联队第 3 任和第 6 任联队长。明治二十四年（1891）陆军大学第 7 期 9 名毕业生之一，最终担任步兵第 26 师团长。

　　②　现在朝鲜的金策，下同。

　　③　现在的沈阳，下同。

8 月 30 日，到达大石桥。

8 月 31 日，从大石桥到营口。

9 月 1—2 日，逗留在营口。

9 月 3 日，从营口出港赴太沽①。

9 月 4 日，逗留在天津。

9 月 5 日下午，到达太沽。

9 月 6 日晚上，夜宿芝罘②。

9 月 7 日晚上，从芝罘出发。

9 月 8 日，到达旅顺，住一夜。

9 月 9 日，从旅顺出发，当天到达大连，逗留了大约一个星期。

9 月 16 日，登上回国的客轮。

9 月 25 日，回到山形驻屯地。

在西伯利亚及满洲的旅途中，不方便写日记。因此在各地逗留期间，我一有机会就将旅途上所见所闻的概况记录下来，并先把它寄给森川联队长。回国后，我想把这些信件加以整理、取舍、修改、补充，写成一篇旅行报告。但是因为部队勤务太忙，而且机动演习的出发日期又快到了，没有时间动笔，不得已只好把这些信件汇总起来代替旅行报告。信中所记，已是两个月之前的情况了。虽然现在重读起来，发现有不少观察上的错误，但是我相信将旅行当时匆促记下的见闻和感想不加修饰地发表出来，反而会更加生动。所以我决定一字一句都不加修改，就这样交上去。如此一来，就显得文字不精，内容杂乱。虽然作为报告价值不高，但我只是想向我的战友及青年将校军官们介绍这次满洲之行，例如，那里很安全，这是意料之外的；所需费用也很便宜（和国内的温泉旅行相比）；接触到了雄伟的大陆风光；看到了俄国开发和经营满洲的宏大规模等。这样的旅行，既可以使我们具有宽广的胸怀，又有利于练习外语。希望每年都会不断出现到邻国去的暑期旅行者。但愿诸君理解此意。

明治三十六年（1903）9 月 30 日
植村雄太郎

---

① 原文有误，应为"大沽"，下同。
② 泛指现在烟台一带地区，下同。

第一封信

明治三十六年（1903）8 月 19 日

于符拉迪沃斯托克

符拉迪沃斯托克的概况

一、地　形

符拉迪沃斯托克是一座非常美丽的港口城市，位于彼得大帝湾里突伸到海里30 多俄里①的穆拉维约夫—阿穆尔斯基半岛的南端。它东滨乌苏里湾，西沿黑龙湾，因为港湾的形状很像兽角，所以俗称金角湾。湾内水很深，大型军舰、商船都可以靠岸，直接横接沿岸一带的码头。港湾的周围环绕着高 100 到 200 米的高山。湾口内又横亘着一个很大的俄罗斯岛，由于它的缓冲作用，海上的狂风不会将巨浪冲到港湾里。怪不得库罗帕特金②将军赞叹它是世界第一良港。港湾东西宽约 5 000 米，南北长约 800 米，容纳一个大型舰队都绰绰有余。港湾西部是商业港，约占 1/4；东部是军用港，约占 3/4。市区在港湾的北岸和西岸，背山临海。东西长约 5 000 米的大商店街，从乌苏里铁路火车站一直排列到港湾的中部地区，它的东边及西南边大多是官舍和居宅，有很多陆海军建筑物、仓库等。道路很宽广，宽 15 米左右，市区主要的中央车马道都铺着石板，两边的人行道也铺着石板或木板；但是次要些的道路就算再宽也不铺石板。雨天泥土很深，晴天漫天灰尘，走起来很不舒服。市区的建筑物完全是欧洲式的砖楼。下附略图（见附图 1）。

---

　　①　1 俄里等于 1 067 米，下同。

　　②　库罗帕特金（1848—1925），俄国将军，陆军大臣。日俄战争时任远东军司令官，奉天大战战败后被解任。

二、气　候

听说这里夏天多雾潮湿，但是我到这里之后，天天晴朗。气温也适中，早晚华氏 60 度左右，白天 70 度左右，并不太热。据说冬天这里的冰会一直结到俄罗斯岛的南边，冰的厚度平均达到 2 尺，马车竟然可以在金角湾内自由自在地通行。这里一年之中最好的季节是秋天，连日的晴天，气候很温和。总之，夏天与其在日本泡温泉度假，还不如来这一带试试旅游避暑，颇有情趣，又很凉爽。我衷心地向大家推荐。

三、人口和风俗习惯

当地人口没有精确的统计，大约有 40 000 人，其中俄国人 15 000 人、欧美人 500 人、日本人 3 000 人、清国人 20 000 人、韩国人 1 500 人。就日本人的人数，我请贸易事务官①调查了一下，他们说由于我国人员出入境太频繁，调查结果并不太准确，但是 3 000 人这个数据应该不会有太大的出入。比如，日本人在当地纳妾，所生的孩子就像无国籍似的。这样的混血儿很多，他们和清国人、韩国人一样根本无法统计。由于各国人的风俗习惯千差万别，这里可真是"千奇百怪"。街上最多的是清国和韩国的工人，其次是俄国人和俄国士兵。日本人做工人的一个也没有，他们都拥有自己的职业，和其他国家的人比起来，这一点是值得自豪的。可是很令人叹息的是卖春妇也很多。清国工人虽然很多，但是富商也比其他国家的要多。那里的商业大权，半数以上都归清国人所掌握。韩国人好像没有一个人能拥有自己的商店。路上的行人，清国人占五六成，其他的四五成，主要是俄国的下层阶级和士兵，中流以上的人物都乘坐两匹马拉的马车。这种马车相当于我国的人力车，到处都有。马车很干净，驾车的都是俄国人，服饰都一样，黑衣服红袖子，头戴富有光泽的皮帽。他们大都是骨骼健壮、留着胡须的男人。马车费是我国人力车费用的两三倍。有不少士兵穿着很脏的白色上衣、黑色裤子、

---

①　当时符拉迪沃斯托克港是俄国的军事要地，不准外国设立领事馆。1876 年 9 月 6 日，日本设贸易事务馆。贸易事务官由政府任命，第一任事务官是濑胁寿人。作者旅行时的事务官是川上俊彦。1909 年 10 月，贸易事务馆升格为总领事馆。

长靴，衣服上配着皮带，皮带上吊着剑，在街上阔步行走，还边走边吃。他们吃东西时帽子是斜戴着的，很不像话。不过，他们身体强壮，能吃苦耐劳。他们向长官敬礼时，长官好像为了保持自己的尊严，也不回礼。俄国有很多小民族，他们的体格不同，服装也各异，因而街上虽然都是欧洲的式样，看上去却因民族众多、服饰各异而显得非常杂乱。海边有个市场，全市的人每天早上都在这里购买食物饮料及日常用品，那热闹非凡却杂乱无章的情形实在没法用语言形容。卖东西的全是清国人，市场似乎是他们专有的。当地水很少，不得不到处打水井，清国人把水打出来装进桶里卖，一担卖 5 戈比①。搬运途中会混入灰尘，很不卫生。旅馆每天供应的洗漱用水只有 5 合②左右。日本人经营的澡堂有 3 家，清国人、韩国人、卖春妇共用的一次 15 钱；俄国人用的一次 50 钱至 3 日元。理发 50 钱，但不包括洗头。洗衣服的话，衬衫一件 15 钱，假领子、袜子等内衣类也要 8 钱。水费太贵，极不方便。顺便列举一下物价。日本货因为税重，卖到原价的 3 ~ 4 倍。日本酒一桶要交 80 多日元的税，所以 1 升卖到 3 日元以上；麦酒③也因为要交 4 倍的税，1 升卖 1 日元。这次大阪麦酒会社④就把大部分的麦酒运回元山。物价中最便宜的是住宿费用，一宿通常是 2 日元左右。

四、军　事

（1）海岸防备及背后的山路防御工事颇为坚固。如果从海上接近符拉迪沃斯托克港，首先可以看见附近的灯塔，进而可以看见很多炮台。俄罗斯岛与港口两岸高地上的大小炮台相连有 10 多处。其中有两座新建造的大炮台，全装备着 4 门到 6 门的大炮。本来应该数清楚，但是从外面无法观察到详细的炮台种类和数量。附图上有 $\bigwedge\!\!\bigwedge$ 记号的是兵营，不过很难确认士兵的数量。现在各队都在兵营外的山地野营（每个营地有 200 ~ 300 人）。营内虽然空无一人，却也不见他们在演习。有关军备的详细情况只靠一天的观察是不可能了解到的。由参谋本部派来的将校，又到伊尔库茨克旅行去了，要三四个星期才回家，不能详问这里的军事状

---

①　1 卢布等于 100 戈比，下同。
②　合，容量单位，1 合等于 1/10 升，下同。
③　即啤酒。
④　1906 年由日本麦酒酿造公司和札幌麦酒有限公司合并而成。几经变迁，成为现在的朝日啤酒株式会社。

况，遗憾万千！背面的各炮台是最近才完成的，造得非常坚固，港口内有的地方布有鱼雷。

（2）现在停泊的俄国军舰，7艘在金角湾，2艘在黑龙湾。昨天，即18日上午8点，阿列克谢耶夫①将军乘一级巡洋舰阿斯柯尔得号入港，炮台放礼炮。此外还有德国军舰1艘、义勇舰队和其他若干艘商船。俄国军舰上的海军人数据说将近10 000人，每天需要800普特②的面包，海兵团为做面包忙得不可开交。几天前，3艘军舰开往萨哥连③。停泊着的军舰上的士兵除非休假，一般很少上陆。昨晚我坐小船围着阿列克谢耶夫将军的旗舰绕了一圈。这艘五桅④军舰不久以前载着陆军大臣⑤来过日本，从小船上看过去，它就像一堵大城墙。今天，即19日，是宗教节。因为是休息日，昨晚好像在举行祈祷，赞美歌的合唱声高扬，很多士兵都安安静静地留在舰上。我很佩服俄国人把宗教当作统率士兵的手段。

（3）陆军士兵中，老兵一年之内有几个月会轮流到营外打工，以此挣钱。为了得到一点钱，连普通人做的劳役他们也干。士兵的津贴两个月才发一次，每次只有45戈比，少得可怜。这点津贴连零花钱都不够，所以每逢休息日，他们就到市场上将自己的帽子、旧鞋及衣服卖掉，又做些手工艺品去卖，一点一点地挣取零用钱。他们的制服一年有冬夏两套，其他的有鞋、内衣、袜子若干。其中一套，也是最好的一套，只在星期天的礼拜等仪式时穿穿，平时一直穿着另外一套。因而休息日上街的士兵多是穿着脏得黑不溜秋的夏服，没有一个穿着洗得干干净净的衣服。放假时，他们有的到市上喝杯伏特加酒，吃块面包；有的毫不在乎地在大街上边走边吃零食和花生。他们的举动真是既天真又像甘心做劣等人似的。比如喝醉了就在大街上或码头上呼呼大睡。他们的仪表、举止不堪入目，而他们的长官一方面默许，另一方面好像也在避开他们。现在虽是夏天野营季节，却很少看见有军事演习。不过夜里经常见到配剑的小分队在街上巡逻。炮台和兵营等地的卫兵人数好像很多。今天，即19号，是宗教节，如果阿列克谢耶夫将军亲自在

---

① 阿列克谢耶夫，日俄战争时的远东海军总督。
② 普特，沙俄时期的常用重量单位，1普特等于16. 38千克。
③ 萨哥连，指库页岛。日本叫桦太。
④ 五桅，可能是错的，应该是五个烟囱。
⑤ 库罗帕特金1903年6月到日本时，日本以国宾待之，并授予勋一等旭日桐花大绶章。

涅维尔斯基将军纪念碑①前举行纪念涅维尔斯基将军的仪式，我就可以看到陆海军士兵的操练了。

（4）俄国军人一直有穿制服的习惯，他们很重视制服。非常遗憾我这次没有带军装来（因为接到旅行期间可以公开官职姓名的训示时，我已打包好行李准备出发了，所以没来得及把军装带上）。和贸易事务官等人商量去访问当地的俄国长官之事时，他们也说不穿制服的话不便公开访问军队。市区四周的高地大部分又是要塞，也不能爬上去侦察地形；时间太短，无论如何都很难仔细观察。从长崎出发时，同船的俄国将校军官中，有一位是海军军医监，他叫布恩凯，级别相当于中将。另外一名叫巴尔洛夫，是骑兵联队长大佐。跟着他的韩国翻译，精通俄语和日语，聪明伶俐，他在釜山上岸。据元山守备队说，他以前也到过元山，可能是俄国的间谍。船员说最近每次航海都有几名俄国军人往返。

（5）当地有俄国发行的两份报纸《绝东新闻》《绝东报知》，还有《符拉迪沃斯托克小日报》。以前军队对报刊的审查还很严，近来如果是众所周知的"秘密"之事，则已经允许自由报道了，保密程度可以说是降低了，大概是因为准备时期已经完成了。

（6）听一个在俄国义勇军舰队供职的我国人说，本月16日发布了一道敕令，将亚洲东部的俄国领土划为一个大守国。原来的总督归大守管理，大守直隶皇帝陛下，和委员会协商与本国保持行政联系。关东州、黑龙州、沿海州、已占领了的满洲地区合成一个国家置于大守的统治之下，赋予外交、军事及其他行政上的独立行使权，随机应变地处理东亚发生的各种事件。俄国人对此敕令抱着极大的期待。敕令发布那天为庆祝东方问题得到进一步的解决还有人开庆祝宴会。有关这个敕令，明天将在哈巴罗夫斯克开全州大会讨论。满洲问题也许会为此而呈现一大变化。听说大守由现任关东总督阿列克谢耶夫将军任命，但现在还没有接到辞令，他来符拉迪沃斯托克也许和上述事情有关。

符拉迪沃斯托克附近近来没有军事调动，社会风气各方面状况也较稳定。日本人上陆虽然并不那么困难，但对从满洲入境的人而言，手续很复杂。听说最近

---

① 涅维尔斯基将军纪念碑，建于1897年，是符拉迪沃斯托克第一座纪念碑。纪念探险家涅维尔斯基将军（1813—1876）发现萨哈林不是半岛而是岛屿，阿穆尔可以行驶海船。他的发现使俄国进一步了解了远东的海域。

有几个人在波格拉尼奇内①车站被拒绝入境。海上的警备非常严，现在有 11 艘非法捕鱼船被拿捕，大约有 300 个船员被扣留，甚至有人已经蹲了 6 个月的监狱，船舶财产被全部没收。

五、杂　事

（1）来符拉迪沃斯托克后，并没有像日本传说的那样治安不好。近来杀人强盗也少了，夜里出去散步并不危险。不久以前，俄罗斯岛上潜伏着一群被清国人称为"红胡子"②的强盗，打劫、抢掠、残害该岛的人们。警察和一队士兵上岛讨伐，在深山里看见有两间房屋，于是两个士兵突击进去搜查，屋里有好几个人拿着武器对付他们。他们手部负伤退出来以后，彼此开枪射击，匪贼死亡 3 人，受伤 4 人，弃枪投降 8 人。现在匪贼被捕拘禁，伤者送入私立医院。这件事听说是由清国人告密而被发现的，那之后住在朝鲜街附近的一个清国人遭到报复，一家 5 口全被残杀。近来除了这件事以外，就没有其他的杀人事件了。当地治安不好主要是在五六年前，近来安全得多了，并没有像日本传说的那样危险。

（2）昨天到贸易事务官处，刚好札幌农学校③校长佐藤④博士、札幌联队区司令官米津⑤少佐，还有为研究人类学而从帝国大学来的加藤，都在符拉迪沃斯托克。我和米津少佐以前没有见过面。今天去日本人俱乐部时，想问问他来办什么事。我明天就要去哈尔滨了，将在那里待 10 多天。之后是从那里去营口，还是去旅顺，又或者是再回到乌苏里斯克⑥来坐下个月 23 号去往北海道的客轮回国，这些暂时还没定，要看路上的情况和费用的多少再说。我想也许会回符拉迪沃斯托克，9 月下旬再回国。清国北方地区，时间不足，看来很难成行。

（3）因旅行时间太短，练习语言的目的并没有达到。在旅馆也接触不到俄国人，日本人的商店也很少有俄国人来，俄语一点也没有提高。实际上真正要学习

---

① 波格拉尼奇内，国界线的意思。

② 即马贼，下同。

③ 札幌农学校，1907 年改为东北帝国大学农科大学，1918 年并入北海道帝国大学。

④ 佐藤昌介（1856—1939），盛冈藩士之子，以优异的成绩毕业于东京英语学校（东京大学的前身）后，进入札幌农学校（现北海道大学）进修农学。后又留学美国，1886 年任教于农学校。1907 年农学院并入东北帝国大学时，任农科大学学长。1918 年北海道帝国大学成立，任第一代校长。

⑤ 米津逸三，原名米津关治郎，爱知县人。1900 年 11 月任札幌联队区司令官。

⑥ 即双城子。

的话，只有住在俄国人家里，请个老师教，除此之外没有别的办法。因而对于这件事我已绝望了。由于语言不通，我几乎是不讲话的。自学了一两年的俄语根本没有用。旅行至少也要半年，否则很难达到练习语言的目的。我非常希望以后再来一次。这里除了俄语、清国语外，不用别的语言。只有上流社会里的一小部分人讲德语或法语。因此俄语和清国语只要懂其中一种，旅行就可以自由自在了。

以上只是我大概的感觉，和实际情况可能相差很远，我只是将自己耳闻目睹的东西毫无层次地记录下来而已。要做比这更详细的报告，看来此次旅行是没指望了，只能期待下次机会。

第二封信

8 月 25 日夜于哈尔滨

8 月 19 日，在符拉迪沃斯托克。上午去日本人俱乐部①访问札幌联队区司令官米津少佐。他和我目的相同，8 月开始休假到年底，说是要在符拉迪沃斯托克待 1 个月，然后去伊尔库茨克、哈尔滨、大连和上海旅行之后再回国。他的假期长，能够达到学习俄语的目的，我真是羡慕不已。在符拉迪沃斯托克港访问军队长官的事情，由于被事务官劝阻而无法如愿。我知道他也很发愁，所以为此自己订了一套普通礼服，决定自己去访问。在当地听说贸易事务官和邮船会社分店②在符拉迪沃斯托克都受到俄国方面的监视，所以事务官也尽量装作没这回事。

下午，俄国义勇舰队的户田先生（他常年住在符拉迪沃斯托克，深得俄国人信赖，是舰队里唯一担任要职的日本人，有很多军人朋友）带我去了市北部，爬上高地，观看全景后，在将军码头乘小船沿着港口南岸什科塔半岛的岬角附近遥望陆军兵营、仓库、监狱和义勇舰队等。我们从两座炮台下面通过，到了黑龙湾沿岸，下面是观察到的几点情况。

（1）卫兵很多，大概每个仓库都有一个。我通过那里时，看见有十五六个卫兵，卫兵都没有背囊，只是带着弹药盒。对配剑的巡察将校军官所提出的有关守则的问题，他们好像无法回答。兵营、仓库（或者也许是监狱）里关着十四五个犯人，他们从窗户里边看海岸，边与卫兵们调笑，军纪总的来说并不严肃。

（2）兵营（土窑的旧兵营）里现在没有士兵。他们都在附近平地的野营里（一个营帐有 20 人左右）。有的在草坪上三五成群斜卧着吃喝，也有的上街去买伏特加酒藏在裤裆里偷偷带回。回营后，将校军官责骂 10 分钟左右也就把他们

---

① 日本人俱乐部，有台球房及饭菜供应，是日本绅士的娱乐场所。

② 日本邮船会社，1885 年由邮便汽船三菱会社和共同运输会社合并而成。在运输方面为日本的对外经济发展做出了很大的贡献，同时也接受了国家的巨额援助，与国家政策紧密相连，是日本具有代表性的国际企业。

放了。

（3）有家室的士兵住的是土窑小屋，和家人住在一起。将校军官的住宅也在附近。中少尉住在百姓的家里。士兵们把衣服拿到市上去卖；有的士兵将分配到的罐头存到 10 个才拿去卖。他们妻儿的工作是送牛奶。

（4）士兵的伙食，早上是茶和面包（面包 1 天 2 斤左右），中午是汤，晚上是荞麦或是粟米、稗子煮的肉粥。

20 日，上午准备出发，下午坐 2 点 28 分符拉迪沃斯托克出发的火车前往哈尔滨。米津少佐和户田先生来送行。火车票价到格罗杰科沃即乌苏里铁路的终点站要 3 卢布 95 戈比，从格罗杰科沃到哈尔滨要 13 卢布 95 戈比。火车的雄伟是不言自明的了。从符拉迪沃斯托克往北 1 里多的路程就到第一河站。这里背面防御的炮台是新建的，有一个能容纳一个联队的新兵营。地形是丘陵、平原相交，从海岸上是看不见的。黑龙湾的北岸杰日金斯科耶附近 1 里多是广阔而稍微有些起伏的平原。拉兹多利诺耶和 89 俄里站①之间也是略有起伏的广阔平原。拉兹多利诺耶有四五栋新兵营。现在新兵营里的士兵在附近的原野上野营。火车停在那里时，看见大约一个联队的步兵正从东面高地往下走，扬起一阵沙尘。四五名将校军官骑着马在前面。士兵之间拉开距离，分队好像是排成纵队行进的。我可以看见一面联队旗。行军的军纪还算好。下午 7 点 20 分到达乌苏里斯克，我看见大约 200 名士兵唱着军歌在行军。乌苏里斯克和仙台市差不多大。从这里经过国境的时间是夜里，看不到周围山地的地形。但是听经常经过这里的人说，这 7 个小时的行程全是在山地里的森林中。夜里 10 点 20 分到达格罗杰科沃，换乘东清铁路11 点 15 分再出发。

21 日，晴天，正午的温度是华氏 72 度。早上 6 点后到达马桥河站，7 点半到达穆棱站，看见几个日本的下层妇女。9 点到达代马沟站，这里有 100 多户人家。我在清国人的茶馆里吃了早餐（一杯茶 10 钱、一个油饼 25 钱）。代马沟和磨刀石之间有 3 条隧道。格罗杰科沃到代马沟是上坡路，那之后是下坡路。山上树林、草地各半，形成大波浪形的平缓斜坡。各个车站附近现在都在大兴土木。到处都堆积着火车用的柴火，各地也都驻扎着铁道守备兵。经过磨刀石（有 70 多户人家）到达牡丹江。牡丹江上的铁桥大约 600 米。右岸的平原上正在兴建市区，到

---

① 在俄国，对于只有站台的小型车站，有时候就不再使用特殊的站名，而直接用距离表示。直到现在也还有这样的习惯。根据原文的描述，推测那里应为今天的"9183 公里站"。当时的名称应为"86 俄里站"，"89 俄里站"应为作者误记。

处都是砖瓦工地。这里有条斜插到宁古塔的路。牡丹江两岸 1 里多的平原，开满了野花，像铺着一层美丽的地毯。下午 1 点到达海林。这里开始到处都有耕地和放牧地。有一小队士兵正在建造兵营，那兵营大约能容纳一个中队。之后经过山市站到达横道河子站，路上山岭和平原各半，横道河子开始就都是山地了。这里的入口处有陆军仓库和造砖厂，到处在砍伐、搬运木材石料，兴建大市区。现在虽然只有 200~300 户人家，但将来肯定是个大城市。从这里进入小白山脉，铁路的两边都是山地，并且为大森林所覆盖，无法通行。下午 7 点半在高岭子站和东平山站之间的深山里，这时天就黑了（听说这里有"之"字形的铁路，附近的地形很像美国的落基铁路）。

22 日，雨从昨晚下到今早。拂晓到达阿城站。窗外，哈尔滨大平原沃野 10 余里，尽收眼底。东边隐约还可以看到小白山脉延伸过来。7 点，通过哈尔滨旧城区到达新城区车站。我们在这里下车，叫了辆马车进埠头区，投宿在日满商店。这天下了整整一天雨，道路泥泞，大雨淹没了车轮。3 匹马拉的车还是跑得很慢（不到 3 000 米的路程付了 1 卢布 50 戈比）。日满商店是杵榈①、铃木两人经营的面向俄国人的杂货店。铺面并不大，我只租到一榻榻米面积的地方和一张临时的床铺。这个地方没有日本人开的旅店，只有俄国的酒店，语言不通，价钱又贵，就没法住那里了。望月小太郎②先生也在这里，但是没有见到。今天因为下雨无法出门，本想踩着那漫到小腿的泥水到松花江去玩玩，但因为路很难走就又返回来了。

23、24、25 日，住在哈尔滨所观察到的各种情况大致如下：

（1）这座城市的设计之雄伟宽广实在是我们无法想象的，令人惊奇。本来已经有7 000~8 000 户人家了，但还在天天增盖砖筑的楼房，人口也随火车的到来而逐渐增加，现在说是有 30 000 人以上了。又听说现在正准备建造方圆达 2 里 4 方③的第二个莫斯科城。

（2）松花江水深河宽（铁道桥长达 600 沙绳，即大约 1 200 米）。每天都有往返黑龙江的汽船。浮桥设在河宽 500~600 米的地方，很方便将各种货物搬上岸。

（3）新城区在高地上，以寺院为中心，沿着四通八达的道路修建的大砖房工程进度很快。埠头区是主要商店的所在地，有 3 条大道，十七八条小巷，都是石

① 杵榈清一郎，新潟县人。
② 望月小太郎（1865—1927），政治家。庆应义塾大学毕业，英文通讯社社长，众议院议员。
③ 约 64 平方公里。

造的，好像银座大道。日本商店只有四五间，而日本侨民共有 800 人左右，其中包括 200 个下层妇女，设有松花江会自治机构。大家都住在这个区，新城有一间石光照相馆①。

（4）兵营还在建造中，已完成七八成了，建成后足够容纳一个师团。现在的兵营，埠头区约有 2 个炮兵营中队，新城约有 2 个大队，旧城约有 2 个大队，共有 3 个临时的兵营（见附图 2）。当地虽然有第 17、18 联队及炮兵大队，但是现在兵力很少，步兵只有一个大队，炮兵只有几个人。几乎全部的兵力和附近驻屯的军队都集合到不到 1 里之外的原野去野营了（我没有办法去野营地观察）。所以各兵营只有执勤的士兵。街上散步的士兵也没有符拉迪沃斯托克那么多，司令官中将齐齐雅哥布和旅团长、联队长等也都在野营地。昨天在栈桥看见有两小队步兵上岸。不知是从哪里来的，大概是集合在野营地的士兵吧。

他们用辎重车在运货（这个作为军事上的观察是很不准确的，请谅解）。

26 日，离开当地，想经奉天去大连（这里的知己石光君②也去大连旅行了，这里没有认识的人）。计划在大连住 1～2 周，方便的话到时再去胶州湾看看，9 月下旬回国。

---

① 即菊地照相馆。
② 石光真清（1868—1942），熊本县人。明治时期至昭和前期的日本陆军军人。中日甲午战争后留学俄国，但并未正式入校学习，而是通过"大陆浪人"的方式，以哈尔滨为中心在满洲一带收集俄国军事情报。日俄战争时恢复军籍从军作战。逝世后留下的 4 部笔记由其子整理出版。

第三封信

9月1日于营口

这封信没有什么值得参考的情报，姑且将旅游过程记录如下。

8月26日，上午去了松花江会（侨居哈尔滨同胞自治机关），参观了主要的日本商店——德永①、森富两家杂货店，以及其他两三家商店。尽管俄国政府不颁给我国商人营业许可，但我国商人反而能利用这暧昧的环境更有勇气，更放开手、更有效地开展生意。不过遗憾的是，在国内的货主却怕满洲问题未解决而不大愿意预先发货。我寄宿的商店每天都有俄国人来，20日元左右的衣服每天都能卖出四五套，其他的杂货也很有销路。现在3个店员都忙得不可开交（尽管这个店在国内只能算个小店）。当地的有志之士正联合起来，开始着手采伐吉林那边的森林。虽然风险很大，但如果成功，就可以成就一个不小的事业。

下午2点出发到车站，但是从欧洲那边来的火车还没有到，看情况要等到夜里才有车。于是去了秦家岗菊地照相馆②（就是上封信里的石光，他改名为菊地正三）参观各式俄国人的摄影。有个不知姓名的从长崎来的土木工程承包商住在这里，三井物产公司的川合经理也在。我们谈了几个小时天就黑了，于是我也就留下住在这里了。这家照相馆的主人现在到大连附近旅行去了。这一夜我睡在铁床上，臭虫很多，根本无法入眠。

8月27日，早上6点起床。出门一看，骑兵正陆陆续续地聚往旧城和新城之间的大空地上。喝了早茶后，松本先生带着我混在原野中央建设中的砖房工地的建筑工人里观察骑兵。3个骑兵中队从野营地到这里来演习，参谋大佐也来了。第一阶段是整个中队一起操练。军马应该是满洲产的，但很驯服，训练得很好。中规中矩，没有什么特别之处。第二阶段是单兵操练，远处立着假人，每个骑兵

---

① 店主是德永茂太郎。

② 即石光真清在哈尔滨的根据地。他在满洲活动时以其妻之姓菊地和自己的小名正三——菊地正三为名。

都做冲砍的动作。有的骑兵边骑边弯下腰来右手触地。归途中每个中队（1 个中队有 80 人左右）之间的距离是 300 米左右，每个中队排成 6 排，各排大约有 13 人。中队和中队之间有两名通信兵，中队旗举在第 2 小队的前面。他们走向野营地，不像是行军纵队。休息时一个人带 6 匹马，很安静。

下午 2 点，坐马车到火车站，前面的铁路虽然遭暴雨破坏，不过去奉天的车还是通的。这回为了体验一下生活，坐了三等客车。车厢里坐着从当地前往辽阳方向的下级士兵 40～50 人，其他的只有我和两三个俄国人，所以可以看到士兵们平时在车上的样子。他们把枪和剑挂在枪架上，只戴着武装带；有的只穿着红色的内衣，不停地大声唱着军歌；还有很不像样地吃着黑面包和花生的。只有他们的上级下士军官配剑而坐，但他好像什么都没看见一样，随他们去。每到一站，各车厢的门口都派出哨兵，当然这时他们都是带剑武装好了的。长的客车大约能坐 90 人，短的能坐 54 人。短客车一车分 6 室，一室 9 人（3 层卧铺的棚子有 3 处，每个人都可以躺着）。总之，枪架设在车厢的两边，完全是为长途运输军队而建造的。还有四等客厢，应该是清国工人坐的，无论是内部构造还是窗户的部分，都相当于日本的下等火车中比较完善的那种。一、二等车厢的构造没有太大的差别，旅客付高价坐一等车还不如坐二等车方便呢。从哈尔滨出发后整整一天的铁路附近都是宽广平坦的耕地，有很多粟米、稗子、高粱、大豆、荞麦、马铃薯之类的农作物。黄昏时经过第二松花江，那里有条长约 800 米的铁桥。河宽600 多米，水深可以行船。水流稍急，是松花江上的支流，和哈尔滨之间有船只往来。在这里天黑了，尽管看不见地形，但它属于松花江的支流流域，应该是大平原。哈尔滨北边来的一位日本男性和两位日本女性在第二松花江下车，她们可能是卖春妇吧。这里逐渐开始繁华了。每个车站都有一分队或一小队的守备兵营。铁路沿线到处都有哨兵互相联络。

8 月 28 日，下雨。早上 5 点到达公主岭。这里的东边一带，东北—西南走向的山脉连绵，看得到清国堡垒的遗址，那正是古老的边防线。这里正在建造新兵营，市区也呈现出逐渐扩张的趋势，是值得关注的地方。上午 10 点，到达昌图府。这里的南边也是山脉相连，最适合防御南方来敌。此处有俄国兵营和清国马队。车站上有 17 架马车、7 个骑兵，好像是来迎接什么大人物，但车上并没有这样的人物。下午 7 点到达定岭①，是辽河的上游。这时平原上竟然帆樯如林，而

---

① 应该是铁岭。

且白帆是在稗子田上来来往往，真不可思议。原来是在平地上还有个辽河的港口。铁道桥长度将近 1 000 米，这里也在加紧新建房屋，变得越来越繁华。听说移居这里的日本人也日益增多。4 个日本人（两男两女）在这里上车，他们几天前从哈尔滨坐火车来到这里，铁路却坏了，只好在这里住了 4 天（除了他们以外，乘客们都不知道铁路哪里损坏了，铁道职员非常冷淡）。入夜后，10 点半到达了奉天（新车站离城门有 1 里多地，旧车站在 7 日本里之外，所以新车站比较方便）。夜里很黑，又下大雨，这里没有一个人下车。我觉得很奇怪，便问了旁边的人，才知道无论是到辽阳还是到旅顺的人，都没有车票。我拿着到奉天的车票下车到候车室。这里有十几个人把好座位都占了，于是我便到自助餐厅（大车站里的小餐馆，有洋酒洋餐，一杯茶 10 钱，一碟菜 30 到 80 钱不等，比餐车里的要简单，也方便些。喝一瓶啤酒也只要 1 日元 50 多钱就可以了）吃了晚餐。我计划到明天早上马车来为止，一直在车厢里睡觉；我想明天在奉天玩一天。可是没想到火车不知什么时候竟然载着没有车票的乘客出发了。第二天快黎明时，火车竟然把我们送到了烟台。之后我才知道那天到烟台的铁路已经通车可以前进了。所以一觉睡醒后，奉天已在夜里被甩在一夜的路程之后了。

8 月 29 日，雨继续下。火车在烟台站停了两个小时，也没有检票员来，一切放任自由。火车再往南开了大约 15 俄里后，到了一个很低洼潮湿的地方，铁路就损坏在这里，火车也停下来了。乘客陆续下车，背着大行李开始步行。行李多的人就没有办法，只得站在那里。见此状况，附近村庄的清国人渐渐地集聚过来，乘客不得不付给他们高价运费，才能让他们搬着行李在铁路上走到大约 3 里外的辽阳。我背着两个行李走了 4~5 町后，雇到一个清国人渡过了难关。到达辽阳时已过了上午 11 点。刚才在铁岭上车的 4 个同胞因为有妇女，行李又特别多，估计夜里也到不了辽阳。铁道职员不通知旅客就随意开车实在不负责任，旅客们可受苦了。

辽阳是俄国大力经营的地方，重视程度仅次于哈尔滨。兵营正在建造中，一看就知道能容纳步兵一个联队以上，骑兵一大队以上。兵舍已完工八九成了。街上有铁道守备队、若干骑兵和修铁路的四五十步兵。听说附近也有像哈尔滨那样的野营地，集结了不少兵力，但不知道到底在哪里。

辽阳有清国式的高塔，从远处就看得到。我步测了一下辽阳铁路桥，有 600 米。

晚上 8 点从辽阳出发，夜里 12 点到达大石桥。这里往南到熊岳城附近的铁路不通。几天前旅客就开始聚集在这里，挤满了车厢、车站和附近的房屋。虽然急着想要修理铁路，可那雨连日下个不停，通车谈何容易呀。在车站里睡觉的俄国人、清国人，不分贵贱（车厢多让给妇女了），铺上毯子打起地铺，倒头便睡。那奇异的景象真难以描述。此外还有喝得酩酊大醉的士兵和工人，吵得你无法入睡。

大石桥新城区在旧城区的东边，我以前打仗的时候①在这里住过，追忆当年岁月，感慨良多。

8月30日，雨还在下。为了等铁路通车，只好无聊地在这里虚度光阴。今天又有新到的旅客，室内越来越泥泞，很不舒服，不过那种吵闹却也像过节似的。小餐馆生意兴隆，小卖部顾客盈门，我真不知道该如何形容这种混乱吵闹的场面。我看一两天之内根本无法通车，心想要是能去营口的话就可以取道清国北方回国。晚上8点左右去买到营口的票时，人太多买不到，不得已只好坐半夜的火车去营口。

这天下车的乘客中有两个日本人（也许是韩国人，发型、服饰都是西洋式的），由几个俄国士兵押送着，不知道有什么嫌疑。我到现在都还没出什么事，总算安全过关了。但是不敢打开笔记本，所以只有在深夜里躺在床上摸摸索索地把地名、时间等重要内容记下来，直到住进旅馆时才将它凑合起来，因此只能提交这并不完整的信件。有个军人在符拉迪沃斯托克被处刑了，听说就因为他的行李里有个某官署的信封而被认为是间谍。现在绝不可疏忽大意。我每次打开提包拿烟时，士兵和其他的俄国人都会窥视，实在让人不舒服。

9月1日，下雨。我半夜2点到达营口车站，和大多数清国人一起在车站里小睡。然而清国人却被俄国哨兵和几个清国士兵（配剑不带枪，提着小田原灯②）驱逐出去，他们争吵喧嚣一阵，但还是离去了。听说最近营口附近1里方圆有强盗出没，所以大家都想等到天亮再走。

天亮后，我到海岸雇了只平底帆船划向营口港。顺着晨风下辽江，感觉很痛快。这天在日本旅馆东云楼投宿。这里有西洋式的房间，住宿费4日元。今天刮大风下大雨，道路泥泞，没有马车，所以无法上街。我单衣赤脚地冒雨跑去清国澡堂，洗掉了自符拉迪沃斯托克以来的污垢，精神倍加爽快，好像起死回生似

---

① 指中日甲午战争。
② 圆筒形细长折叠式的提灯。

的。特别是在俄国的监视区外倍感轻松。到这里一个月了，终于吃到新鲜的醋拌生鱼丝，喝到美味的日本酒，真想大叫一声"痛快"！

听说（到现在还没能和领事及熟人会面，一切情况都不了解）俄国在这里只有若干守备兵，势力很小。日本人虽然估计也只有几十个人，属于少数，但是不断有商人乘船而来，因此日本的势力反而占优势。不过这个港是商业港，虽然有商船往来，却没有客轮；和旅顺、大连之间的交通也很不方便，旅客到这里来很困难。实际上我本想从这里坐火车到清国北方，然后取道天津回国。但因为从天津到旅顺的船舶很少，只得作罢。一是因为时间和费用的关系，二是因为有从符拉迪沃斯托克港口和哈尔滨带来的口信及别人委托的东西，所以无论如何都得到大连去。因为这些重要的事情，视察清国北方的愿望只能等下次机会了。我计划等辽东火车通车后就去大连，看看那里的新设备，和那里唯一的熟人见见面，我想这样的话多少也应该达到了练习俄语的目的。因此，从现在的情况来看，不得不决定不去只有清国人的地方旅行。辽东之地除大连以外，似乎没有别的什么可写了。我想就此停笔，如果计划有变，到时再报告。所谓大连的熟人是以前同一个师团聘用的俄语教师，前年在参谋总部供职，现在在大连开家具店的大庭景秋①，他是我的老朋友，因此就算是在他那里打扰个十天半个月也不成问题。

正像前面所描述的那样，营口当地十分危险，盗贼众多，从营口车站到市场只有1里路，可是夜里都经常有遇难者（现在突然想起来，在符拉迪沃斯托克时也有人告诉我，要去清国北方的话，要避免在营口走夜路。那样太危险了，要由旅顺乘船去）。听说那些"红胡子"和马车夫、船夫是一伙的。我昨天半夜到达营口车站时，下着雨又没有马车，只得和清国人几十个人一起待在车站等待天亮。其中清国人被驱逐离去。他们离开后，频频听到枪炮声，我还以为是夜间演习呢。睁开眼睛往黑暗中枪响的方向看去，到处都是火光，大概是那些清国人为了防备盗贼，雇用清国兵边走边放枪，以保证前进的安全吧（当然也可能是盗贼开的枪）。这样的事在当地好像经常发生。

俄国人对清国人的虐待行为令人吃惊。比如把他们从车站驱逐出来（日本人只有我一个，但也没被驱逐）；坐火车时，清国人和俄国人不能同坐（尽管俄国

---

① 大庭景秋，1872年出生，山口县人，笔名柯公，是日俄战争时的翻译官、新闻记者。1921年5月15日离开东京再次去了十月革命后的俄国，以间谍罪被捕之后去向不明。1992年《读卖新闻》刊登了俄国保安厅对大庭的平反通告。但他的死至今还是个谜。著有《露国及露人研究》《柯公全集》等。

人的车厢里有十多个空座，清国人却都只能像罐头一样地挤在二、三等车厢里）。又如无缘无故地对清国人拳打脚踢等，简直无法无天。无论人家的身份地位是高是低，见了留辫子的，就把对方当作猪狗一样残酷地对待。我不由得唏嘘慨叹。与此相反，日本人，哪怕是卖春妇或工匠，都很受俄国人的尊敬，诸事都能亲切坦诚相待。根据这些情况可以判断，这次旅行可以毫无顾虑，大大方方地接近俄国人，这样做他们反而不愿来接近你；如果让他们感到你不愿接近他们，喜欢抓住别人弱点的俄国人反而会给你带来不幸。

　　无论走哪条路，预计本月中旬都能到达大连。有必要的话在大连再写信。我还没给家里写过信。一方面，请帮我带个话，人们都认为来满洲旅行是冒险，家人或许也会怀着同样的心情，担心到满洲旅行的亲人。希望大家不要有这样的想法。这次的旅行虽然没给军部做什么贡献，但我觉得对我的人生多少还是有益的。另一方面，想到多多少少也鼓励了青年将校军官们关心国际大事的热情，另外不得不说对学习外语也是有所帮助的，因此就连没什么价值的事我也一一记下了。

第四封信

9 月 7 日于芝罘

9 月 1 日，在营口。上午访问领事馆，见到濑川①领事，谈话内容如下。

（1）这里的日本人虽然不足百人，但是和其他在满洲各地的日本人不一样，都在从事正经职业。

（2）这里的俄国士兵只有民政厅附属的 100 多人，其他的也只有车站守备兵若干。

（3）两天前稻垣公使夫人②也走这条路来过这里，因为铁路损毁，今天又回去了。

（4）和从清国北方坐火车来的京城邮电局局长田中③谈话，听说山海关到营口之间的铁路也不通；大辽河及其他东边的桥梁损毁，十分危险。

（5）有 21 或 22 位清国鼠疫患者，现在正在俄国民政厅接受显微镜检查。

谈了 1 个多小时后，森书记生④带我去川崎大尉⑤家里访问。但因为大尉去旅行了不在家，我们只见到了其夫人。大尉家里有一个叫坂部的人，他在辽阳一带待了很久，才回到营口来。他很熟悉辽阳的事情，现在我将听到的事记述如下。

（1）辽阳除第 15 联队以外还有大炮 8 门（炮兵约 200 人）、骑兵 800 人、工兵若干及城内守备兵 700 人，合计有 3 000 兵力。

（2）铁道守备兵（可能是退役兵）一个月可以拿到 20 卢布以上的工资；服装费用等由自己支付。他们之中也有有妻子的。城内的现役兵因为工资太少，穷

---

① 濑川浅之进，曾在中国天津、汉口、牛庄、厦门、广东等地任公使、领事。

② 稻垣公使（1861—1908），1897 年任泰国公使，1907 年任西班牙公使。其夫人是有名的美人。

③ 田中次郎（1873—1931），佐贺县人，旧姓副岛。在递信省工作时，历任京城邮电局局长、通信局局长。退休后，任日本石油专务等职。

④ 森浩，或者是森新一（据外务省年鉴记录，这时期考上书记生且姓森的只有这两位）。

⑤ 即川崎良太郎，日俄战争前驻营口武官。

困潦倒。两者相比，生活水平差距很大。

（3）在辽阳我国人大约有 100 位，大多是卖春的、洗衣的、卖汽水的等，经营杂货店的只有一家。

（4）车站的南面有 4 栋新兵营。北面有 2 栋正在建造中，已完成了八九成。

下午 6 点，应邀赴领事馆出席晚宴，见到京城邮电局局长田中、营口局局长前田和领事馆官员八九人。晚上 9 点半回到住宿之处。这里住着 2 个日本人，他们是在铁岭经商的，这次要回日本。他们说昨天路上在昌图府附近的火车（应该是在我之后的火车）翻车了。俄国将校军官 1 人、火车司机 1 人、俄国乘客 4 人、清国乘客 2 人下落不明，其他受伤的有十几人。

9 月 2 日，下雨。有一条外国船只驶向芝罘。这条船是俄国商人的，除了俄国海军将校军官外，只有几个人搭乘。其他的俄国人、清国人还有我国人，因为船上没有客舱而被谢绝搭乘。本已登船的我只好上岸退了票，然后来到日本领事馆，看了 8 月 26 日的《时事新报》（随本日山东丸到）等刊物。

下午 1 点，军舰鸟海丸入港。于是我去访问了舰长、海军中佐森义太郎①。这艘军舰来这里准备停泊到 9 月中旬，不巧领事馆书记生等访问该舰，带来了发生鼠疫的消息，所以舰长听了马上决定出发回芝罘去。

现在停泊在这里的外国军舰包括俄国 1 艘、英国 1 艘，还有鸟海丸。

山东丸今天入港，由于海上风浪的原因入港迟了一天。

傍晚 6 点半，我应邀出席日本邮电局局长的晚宴。

9 月 3 日，多云。上午 10 点半登上山东丸，11 点半出港驶往太沽，海上风平浪静。

9 月 4 日，晴天。10 点半到达太沽海域，11 点搭小汽船开了 13 海里，12 点 50 分到达塘沽（从大船停泊的地方到塘沽陆上的距离很远，从停泊的地方几乎看不见陆地，船费往返要 4 日元）。在补给厂内短暂休息到下午 1 点 50 分，乘火车出发去天津，3 点左右到达天津。乘坐清国人的人力车来到日本驻屯军司令部，与铃木、三原②两位参谋及龟井副官会谈。下午 5 点到司令官官舍，见到仙波阁下③，这天晚上我就住在该官舍楼上的宿舍里。

---

① 森义太郎（1863—1929），冈山县人。历任各军舰舰长、海军中将、驻大清帝国公使馆武官。中日甲午战争时任水雷舰长，日俄战争时任大本营参谋。

② 三原辰次（1868—1930），生于鹿儿岛，明治、大正时期的军人。陆军大学毕业，陆军中将。

③ 仙波太郎（1855—1929），生于岐阜县。清国驻屯司令官陆军少将，后升为中将。

　　洗过澡后，和司令官共进晚餐，在楼上对着明月讨论时事，一直聊到晚上 11 点，收获颇多。好久没有这么奢侈了，躺在大房间的床上睡得又香又甜。

　　9 月 5 日，上午 10 点告别日本提督官舍（再次相约去北京观光后一起从旅顺回国）。

　　到车站乘坐 10 点 25 分出发的火车赴太沽，11 点半到达塘沽。在补给厂吃了午饭，下午 1 点乘小汽船，3 点半登上大船后，马上就开往芝罘了。太沽海面有清国舰 1 艘，其他的只有两三艘商船，停泊船只很少。

　　9 月 6 日，多云转雨。日出时分上甲板看看，正好接近山东半岛的岸边。山东的地形也和朝鲜一样，海岸上没有树木，也很少有渔村。

　　上午 9 点到达芝罘。来到领事馆和水野①领事会面。碰巧望月代议士也来了，早餐时见到了他。他说只要有便船就先去胶州湾考察，然后再去上海、南方等地和台湾巡游，并说今晚在俱乐部举行谈话会。

　　来到守田②少佐的住处，雨下得很大，无法上街。看看报纸什么的，消磨了半天时间等待出港。

　　下午 4 点接到通知，今天没有开往旅顺的班船。于是我就在少佐家里住了一夜。所见所闻记录如下：

　　（1）我国人在这里有 200 人左右，但住在这里的只有 100 人左右。加上清国人和外国人，总人口约 37 000 人。

　　（2）停泊中的军舰：法国 1 艘，奥地利 1 艘，清国 2 艘，美国 7 艘。

　　9 月 7 日，等待今天下午开往旅顺的班船出发。

　　这次旅行的后半程因为满洲铁路损毁，白白浪费了十多天时间，打乱了我最初的计划。最初是想从辽阳到营口出山海关，经天津考察清国北方后从太沽到旅顺、大连，再从那里经朝鲜各个港口回国，但未达到目的。又因大凌河附近的铁路出了故障，不能利用经山海关的路线，只好乘山东丸赴太沽，停了一天一夜，连北京也没能够游览。和仙波阁下约好的再从旅顺返航的事，也由于班船不准时，难以确定是否能实现。再加上火车在大石桥被阻，想借陆路去考察大连半岛后前往清国北方，再从太沽回国的计划，又因大石桥到旅顺之间的铁路损毁太严重，变得十分危险而只好放弃。所以我改变了这次行程。

---

　　①　水野幸吉（1973—1914），日俄战争时任芝罘领事，1905 年任汉口领事。

　　②　守田利远（1864—1936），福冈人，陆军少将，日俄战争前驻芝罘武官。著有《满洲地志》《北京龙城日记》。

所感如下：

（1）很遗憾今年没有将校军官考察清国北方。考察清国北方很方便，这是众所周知的。如果能搭乘上顺路的船只，从太沽到北京及山海关，到处都有日本军队，住宿方便，招待又热情。费用只要几十日元就够了，比在国内去泡三周温泉要便宜得多。到前年为止，因为好奇心所驱，各地的将校军官纷纷来到清国北方。去年因为流行病，上级禁止我们来这里旅行。照理说今年应该有更多的将校军官来才对。然而，驻屯司令部说只来了一名将校军官而已，和他预想的相差甚远。一般的将校军官，特别是青年将校军官放弃这个有利的机会，关在日本的小天地里，这样下去军国的前途将会是怎样的呢？我为此很担心。

（2）虽然大家都在说学习语言的必要性，但结果都没有足够努力去学；平时使用外语的机会又少，因此我这次旅行实际上感到很不方便。我深深感到外语务必要先学到一定的程度才行。我学了两年多的俄语，却还完全听不懂俄国人讲的话，也无法让他们理解我所讲的内容。只是会用几个必要的名词和动词，结结巴巴地买车票、点菜、看时间表、读车站名、问地方、付钱买点东西而已。好不容易才算能办成一点事。但是，这也比完全不懂俄语的要好得多。总之，还算有点用处，顺利地穿过了西伯利亚和满洲。进入清国北方后，因为不懂清国语，反而感到非常不方便。好在清国北方到处都有日本人，才没有真正遇到十分窘迫的情况。但如果是在像满洲那样看不到日本人的地方，没有翻译同行的话是无法独自旅行的。我回国后，一定要在学习俄语的同时也学习清国语。西伯利亚、满洲，以及清国北方，将来一定会和日本紧密联系在一起。别说是一般人民，就连我们的外语也应该达到在日常生活不会遇到不便之处的程度。我相信学习俄语和清国语是当前最紧迫的任务。

附言：

今后的计划

大势是 7 日下午乘船去旅顺，8 日住在旅顺，9 日去大连，乘 12、13 日的船经芝罘去天津、北京，乘 20 日前后的长门丸直接回国；或是在大连住 20 天，视察韩国沿岸后从釜山回国，到大连后再决定。

第五封信

9 月 11 日于大连

　　9 月 7 日，上午 7 点乘坐清国汽船德和号从芝罘出发去旅顺（船费 7 美元），海上有些风浪。有个学法学的大学生广田①和我同船。他从京城到大乘沟，又从大乘沟到芝罘上船经大连回国。这次旅行中碰到的学生，在符拉迪沃斯托克有 1 个，清国北方有 3 个。近来有学生到邻国旅游是值得高兴的现象（龙岩浦②有俄国人 150 人，清国、韩国工人几百人。还有日本人 50 人左右，在收集流木，但并不成气候）。

　　9 月 8 日早上 7 点，眺望旅顺的南湾口，湾外停泊俄国舰 1 艘。8 点到达栈桥，湾内有俄国舰 5 艘，法国舰 1 艘。上陆后到日本人事务局北方商会（佐贺煤炭商，和三井一起向东清铁路及旅顺、大连提供他们所需的煤炭）和一个叫山下的人会谈。听说在旅顺的日本人都主张打仗。这里的店员带我游览了旅顺市区和附近一些地方。今晚就住在这里。所见所闻如下。

　　（1）正在兴建的新城区已完工八九成了。住民大约有 2 万人。日本人有近千人。这里的日本人经商，比在满洲内地其他地方的要成功很多。

　　（2）这里有第 2、9、10、11、12 联队（一个联队由两个大队组成）。其他的要塞有炮兵大队和步兵哥萨克队及若干工兵。总兵力近 2 万。现在他们在海岸附近的高地上野营。要塞炮兵 8 日早上进行炮击演习，从炮台上对着海上的目标射击。许多兵营都是临时的建筑。现在第 2、11 联队的新兵舍已完工九成了。临时

---

　　①　广田弘毅（1878—1948），福冈县人，外交官、政治家。1936 年 3 月至 1937 年 1 月，任日本首相。1901 年 7 月考进东京帝国大学法科大学，1903 年 6 月奉外务省政务局局长山座圆次郎的密令，利用暑期到朝鲜半岛和我国东北地区旅行并进行考察，回国后为外务省特约人员。1905 年 7 月毕业，是"二战"后 A 级战犯中唯一被判死刑的文官。
　　②　龙岩浦，朝鲜的地名。朝鲜西北端鸭绿江港口，中日甲午战争后俄国为防止日本进入朝鲜，于 1903 年派驻数十名森林护卫兵，缔结了龙岩浦租借条约，因遭日、英、美反对，被迫废弃。

兵营在军港的东面和练兵场附近。

晚餐后，这里的"俄国通"川上贤三①先生来访，秘密地和我谈了些俄国的内情。他现在承包了建筑中的新船渠工事。他说凤凰城的名士袁道台（?）②在旅顺被捕，没有办法营救。俄国士兵和法国士兵交往甚密，或互相牵手，或共乘马车。俄国士兵还带着法国士兵到烟花柳巷和小餐馆去。

9月9日上午7点40分，乘坐从旅顺出发的二等特快列车。这个车厢本来除了欧洲旅客之外，是不准日本、清国等国的旅客乘坐的，但他们并没有对我说什么。这列车很结实、很漂亮。长廊下有8个隔间，是可容纳32人的卧铺。我国的一等列车都比不上这二等列车。开车的时候很平稳，还可以写字。火车头的拉力是我国的10倍。经过营城栈、南关岭，10点半到达大连。

我找不到旅顺的地图，这里的地图全是和满洲连在一起的。除了大连以外，没有其他地方单独出地图。几个俄国将校军官几天前开始在水师营的寺院里进行旅顺附近地图的测绘工作。从左边高地上可以看个大概（见附图3）。和其他地图对照着看，希望能掌握概况。旅顺到大连之间没有树木，山谷相间，参加过前几年的战争的各位，想必是都知道了。

大连的设计图等已经可以在各种报告和书上看到，故而在此省略。到达大连后，在街上转了一圈，到朋友大庭景秋家投宿。当天的见闻如下。

（1）东清铁路明天，也就是10号，要在哈尔滨开始通车。不过在昌图府附近有一个地方要步行换车。

（2）这里有第14联队（兵营在市中央）。现在除了值班的士兵以外，都在南边高地上野营。对岸大连湾有第13、15、16联队。第15联队的1个大队现在在辽阳。另外大连湾还有炮兵和哥萨克队，也都在野营中。

（3）大连湾完全变成了兵营地。日本等国的人员往来很不自由，不容易考察。过几天想去海上考察一下（当地的摄影师受到军队的委托12日要去，我们约好了一起去）。

9月10日，实地考察海岸和港口一带的地形。今天码头南边高地上有步兵一个大队（450~460人，将校军官十五六人）在进行战斗射击演习，我从靶场旁边

---

① 川上贤三，1864年出生于长崎县。1883年赴符拉迪沃斯托克，在俄国、满洲各地从事建筑工程事业，研究俄语，1917年创立满洲储蓄信托株式会社。大连市会议员，日俄协会干事。受陆军步兵少佐守田利远之命，从事军队后勤供应工作。日俄战争后获勋6等旭日单光章和奖金200元。

② 原文如此。

后方大约 700 米的公园树林中可以观察到其概况（见附图 4）。各中队从集合地出发前行百步左右的距离，同时散开成或横或纵的一线（或是没散开的一列横队，其间隔是一步或 50 厘米左右），之后停下做蹲姿瞄准。中队长号令一下，大家一起射击，射击 5 次后向两边行进，退回到后边的集合地点。下一个中队也是同样的方式。4 个中队连续射击后才查看弹痕。我虽然看不见弹痕，但从最后做弹痕调查这点看来，每个中队的靶子是不一样的。右边的中队最后进行比较，靶子在正面大约 50 米外，是纵队的靶子，第一列和第二列的距离有 50 米左右。总的来说，枪法很准，100 人左右的士兵在号令指挥下几乎没有误击的。20 次之中做得不好的只有 2 次。因为是在远处看，观察得显然不太准确。射击大都进行得很沉着，枪法也很好；只是靶子设置在高高的山腰上，不知道为什么要做倾斜射击（依地形来讲，明明有足够的平地）。

傍晚，考察兵营。这里的兵营在市内，营外是很开阔的街道，可以在街上边散步边偷看。营房共有四栋，多数士兵住在楼上。小卖部、将校军官室、下士室、风纪卫兵①所、伙房（营房的院子里也有做饭的）等在楼下。每个兵舍的两侧和仓库等地都布置有哨兵。兵舍内的床是木制的，排得很密，放着不大干净的三四张毯子。没有架子，衣服之类的个人物品装在箱子里（有我国的个人物品箱的 6 倍大，是长方形箱子），箱子放在床下。枪和剑在枪架上。兵舍的外墙有预备演习用的可以贴靶纸的地方；士兵不管街上是否有人行走，照样会在院子里进行演习。

9 月 11 日，上午写日记和信件。中午在三井商店吃午餐，碰到大连丸入港，接到上原②阁下驾临的通知，于是和三井商店的中泽一起坐马车直奔码头去拜访阁下。佐藤工学士已经到了，在甲板上谈了 20～30 分钟之后，与阁下、中泽一起坐了 4 个小时的马车四处观光，游览了市区和公园（付了马车费 5 卢布）。途中在森照相馆和动物园休息了一下。下午 5 点，回三井商店谈了 1 个小时之后，送阁下回大连丸，与阁下告别。

阁下说："我今晚住在大连丸上，计划明早到旅顺，直接乘快车去莫斯科，经德国、法国，预定明年 2 月回国。我到这里来，恰好是铁路全线开通之日，可说实在幸运。"

---

① 风纪卫兵，相当于后来的宪兵。
② 上原勇作（1856—1933），宫崎县人。历任陆军大臣、教育总监、参谋总长。参加过中日甲午战争和日俄战争。

最近各地有很多传闻，说是旅顺、大连的俄国人，男女老幼这四五天之内就要往俄国或者符拉迪沃斯托克方向避难，这到底是否可信？如果这是真的，是不是受我国舰队集合于佐世保①附近的影响？又听说现在俄国舰队集中在符拉迪沃斯托克港，不久将有什么行动，在这里视察四五天看看再讲。我因等大连丸归航，清国北方暂时就不去了。在这里等船的大约一个星期之间，去大连视察，旅顺也想去。大连丸应该20号前后回来，我准备乘它经朝鲜回日本。

今天这个港口有1艘法国军舰进港，可能是前天停泊在旅顺的那艘。此外东清汽船的运输船海龙号、医院船蒙古号两只大船进港。

当地虽然没有如社会上所传的那样人心动摇，但商业普遍不景气，几乎完全没有进出口货物。从哈尔滨附近到旅顺再到这里，好像是从举行祭典的地方突然进入乡下一样。俄国在满洲的建设进行得很快，德、英各国商业的势力也日益增长。我国的承包买卖契约总体来说都相对落后了，满洲问题一日未解决，无论从哪个方面来讲，对我国的损失都是很大的。俄国在满洲的设施日新月异，德、英诸国的商业也在不断发展，慢一天就等于损失一个月。我们虽然是门外汉，都禁不住感叹。总之，形势每天都在变化，暂且报告近况。

① 佐世保，地名，在日本长崎县北部。

附　言

对满洲的一般性观察：

（1）从西伯利亚国境附近到哈尔滨，即满洲北部，是森林和高原地带，耕地匮乏。哈尔滨平原以南，奉天、辽阳附近，即满洲南部，是肥沃的耕地。辽东半岛，土地大多是石头，树林匮乏。

（2）俄国经营的事业中，大部分精力都倾注在哈尔滨。在哈尔滨见到俄国大规模的建设之后再去旅顺、大连，就会有从城市到农村去的感觉。

（3）铁路的铺设方法，首先是为军事目的迅速铺好全线的轮廓，然后再按照顺序完成各处细节。所以如果只看最初那种暂时的铁路，就以为俄国的铁路不太完备，那就是大错特错了。现在北满洲线的真正工程已经完成了一半，南满洲线的完成期还要稍等一段时间。与此相反，兵营的建设南方却比北方快；南方马上就完成了，而北方却还只完成七八成而已。

（4）俄国经营满洲的事业已成功八九成了。现在一旦和平被破坏，可说是"为山九仞，功亏一篑"，俄国将会遭受非常大的损失。旅行中所见到的是，俄国人一方面虐待清国人，另一方面又对他们采取怀柔政策。从这些情况看来，他们对日本旅客和对其他欧洲人一样，似乎是以善意相待的。

（5）从夏天到秋天，兵营是空着的，军队都到郊外野营。俄国军队的生活非常有利于锻炼他们忍耐艰难困苦的能力。现在俄国士兵的生活，日本士兵连一个月也忍受不了。勉强支撑肯定有一大半人会病倒。

（6）大国国民性情淡泊，宽宏大量；我国人如果以狭隘的胸怀和小人之心来看待他们，就会对其本质产生各种误解。如果不摘下岛国的有色眼镜，就无法看到真相，现在频频的误报都是戴着有色眼镜观察的结果。

《满洲旅行日记》完。

附　图

附图 1：符拉迪沃斯托克略图

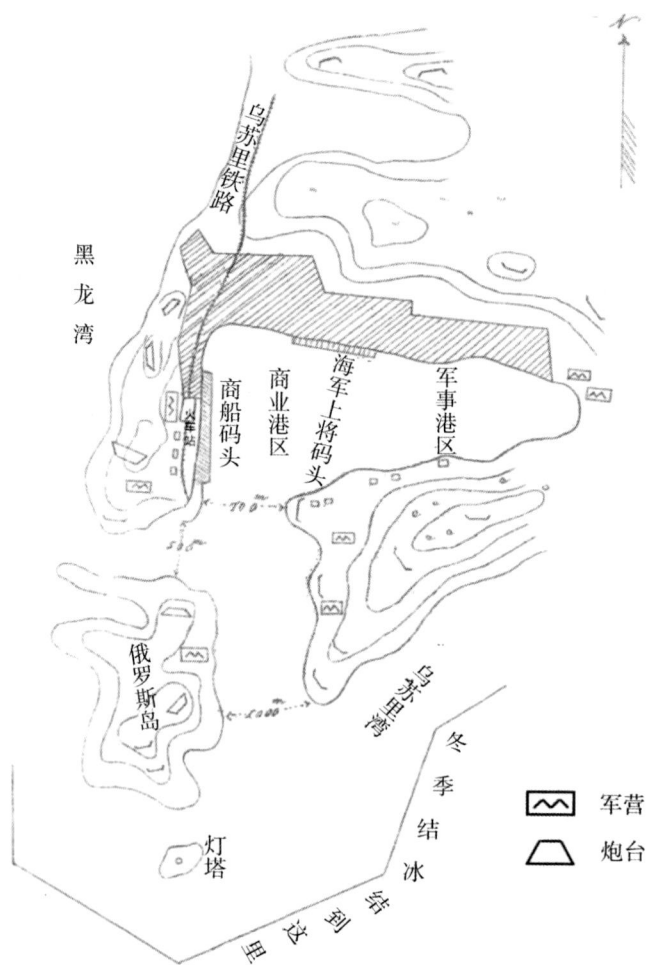

附图 2：哈尔滨市略图

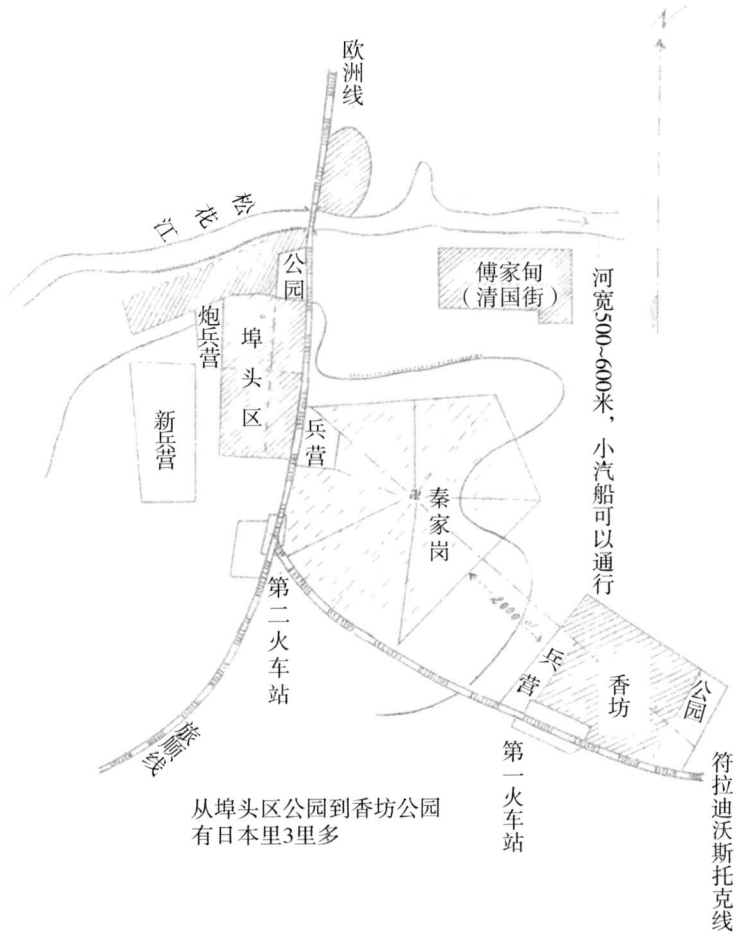

从埠头区公园到香坊公园
有日本里3里多

附图 3：旅顺略图

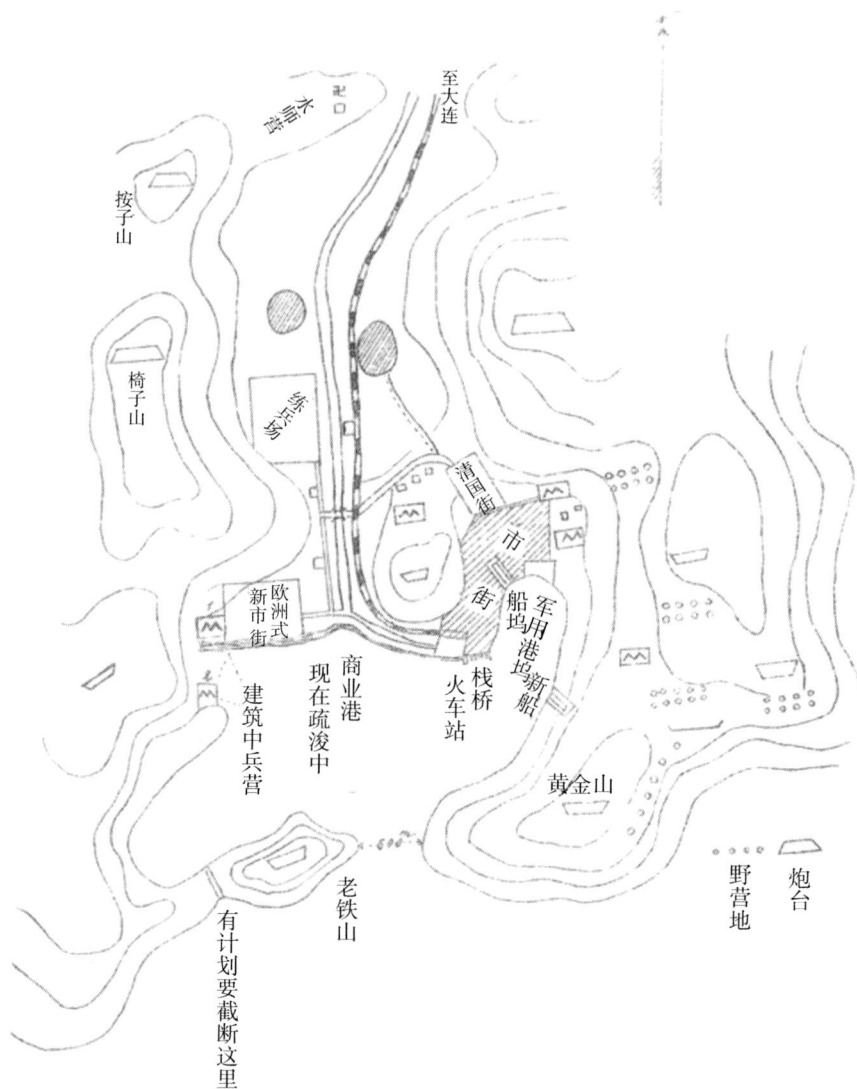

至大连

大岭寺

按子山

椅子山

练兵场

清国街

市 街

欧洲式新市街

军用港坞新船

船坞

商业港
现在疏浚中

栈桥

火车站

建筑中兵营

黄金山

炮台

野营地

老铁山

有计划要截断这里

附图 4：靶子和射击手位置

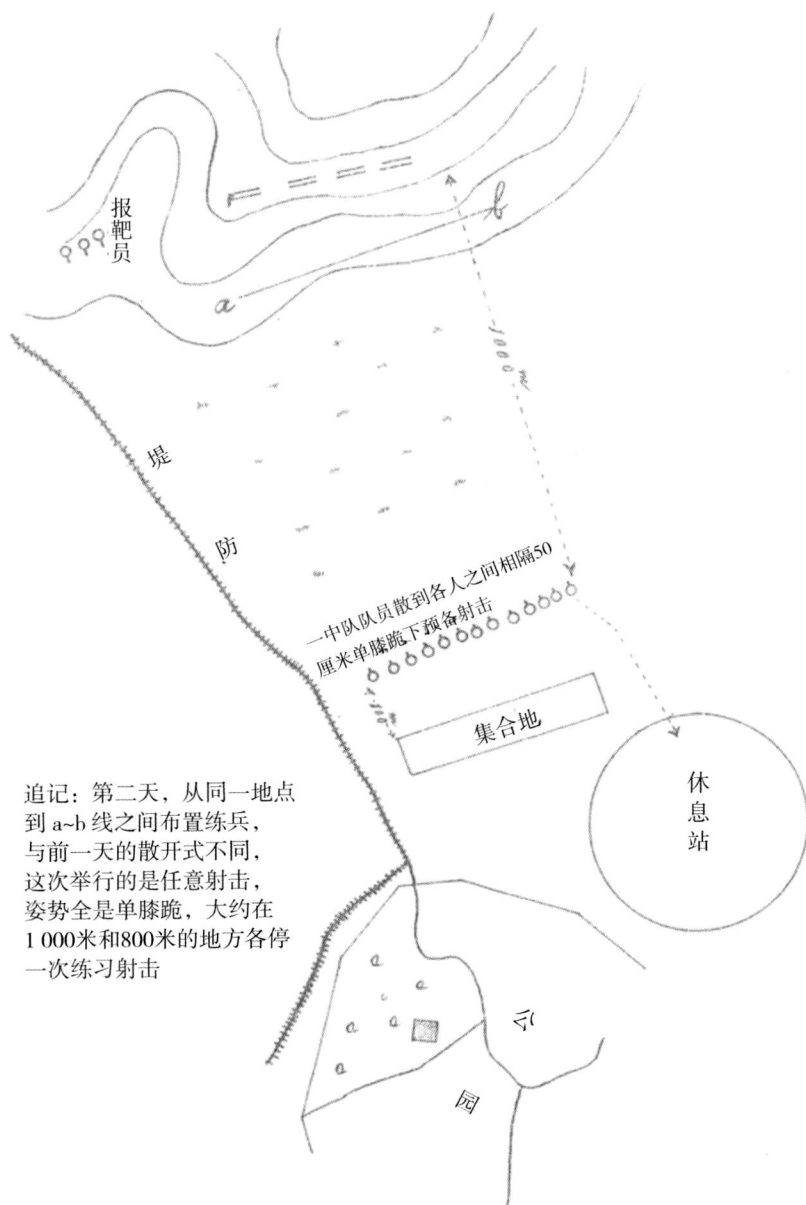

报
靶
员

堤

防

一中队队员散到各人之间相隔50
厘米单膝跪下预备射击

集合地

休
息
站

追记：第二天，从同一地点
到 a~b 线之间布置练兵，
与前一天的散开式不同，
这次举行的是任意射击，
姿势全是单膝跪，大约在
1 000米和800米的地方各停
一次练习射击

园